열정의 **중심**에 서라

열정의 중심에 서라

백정군 지음

보다 높은 긍정을 향하여 비상하라

진리는 항상 평범하다. 평범한 일상 속에서 발견한 삶의 요체야말로 살아 있는 진리일 것이다. 삶의 지혜나 처세술을 반드시 공자의 경전이나 탈무드와 같은 고전에서만 배우는 것은 아닐 터이다.

나는 이 책을 보는 순간, 평범한 삶의 이치를 다시 한 번 확인하였다. 그것은 바로 작은 일 하나하나에서 위대한 일이 이미 시작되고 있다는 사실이다. 평범 속에서 진리를 발견하고 그것을 실천으로 옮기는 일이야말로 진정으로 가치 있는 삶일 것이다. 우리의 옛 선조들이 '일신우일신日新又日新'을 후손들에게 값진 삶의 철학으로 물려주고자 했던 것도 그런 까닭이었으리라.

평생을 공직에 몸담고 있다가 은퇴한 지 많은 시간이 흐른 후에 나의 입장에서 지난 세월을 돌이켜보면, 결국 모든 이에게 한번밖에 주어지지 않은 인생은 내가 오늘 하고 있는 일에서, 그리고 내가 오늘 만나는 이에게서 비롯된다는 사실을 고백하게 된다. 그러니 내가 만나는 시간과 장소와 사람들이 모두 미래의 나를 만들 은인들이고, 미래의 나의 모습에 담겨 있을 인연의 씨앗들이다.

저자는 우리에게 그렇게 나의 일상생활에서 잊고 살 수 있는 작은 습관들, 목표만을 지향한 채 간과하기 쉬운 사소한 태도들, 곧 나의 행동양식에 대하여 수시로 관찰하고 바로잡고 보다 높은 긍정을 위해 비상하라는 고귀한 조언을 주고 있다.

사람들은 흔히 작고 사소한 것이 소중하다는 사실을 놓치곤 한다. 대신에 화려하고 거창하고 거대한 결과를 제시하면서 허황된 꿈을 꾼다. 그러나 허황된 꿈과 건강한 꿈은 분명히 다르다. 건강한 꿈과 비전에는 정직함이 깃들어 있고, 그것이 일상적으로 자신의 삶의 방식으로 실천되고 있는 법이다.

이 책은 저자의 30여 년간 직업군인으로서 생활을 통해서 얻은 '작은 차이'를 주제로 하고 있는 삶의 철학서요, 경영의 철학서라고 할 수 있겠다. 지혜의 구슬은 그 하나하나 빛나는 진리를 전해주지만, 그것들의 집합은 우리에게 전략적인 마인드를 갖게 한다. 여기서 저자가 말하는 '작은 차이'란 사소한 차이에서 위대한 창조성*creativity*을 발견하는 인생의 경영전략이자 성공의 혜안이라고 할 것이다.

여기에는 동서고금의 지혜와 작지만 소중한 삶의 가치와 철학을 음미할 수 있는 이야기들로 가득하다. 그러한 이야기는 가공적인 픽션이 아닌 실제의 이야기인 사람들의 역사다. 문체는 담백하고 깔끔하다. 더불어 젊고 싱싱하고 현대사회의 문화적 코드에 부합되고 있다. 저자의 직업적인 충실성과 유연한 사고의 절묘한 결합이 경이롭기까지 하다.

　바쁜 생활 속에서 방향감각을 상실하기 쉬운 젊은 현대인들에게 이 책은 저자의 말대로 '작은 마음가짐과 간단한 행동으로도 세상을 향해 한 발 앞서 나가는' 데 도움을 주는 좋은 길잡이가 될 것이다. 그리고 이 책의 내용대로 매일매일 펼쳐서 읽고 실천한다면 자기의 마음과 행동 습관, 나아가 삶의 행동양식 *way of life*을 바꾸는 보다 나은 '아름다운 삶'을 위한 동반자가 될 것이다. 말 그대로 열정적으로 살 수 있을 것이다.

　현대인들 누구에게나 도움이 되리라 믿지만 일상의 삶을 창의적이고 새롭게 설계하여 '성공'에 도달하고자 하는 이들에게 특별히 일독할 것을 강력하게 추천하는 바이다.

2005년
전 국무총리이며 현 금호그룹 고문　황인성

우리는 앞서 갈 준비가 되어 있는가

"작은 차이가 명품을 만든다."

이 말이 단순한 광고 카피로 보일 수도 있겠지만, 이 짧은 문장에는 인생을 성공으로 이끄는 진리가 들어 있다. 그것은 다름아닌 바로 조금만 더 앞으로 나아가라는 것이다.

우리 주위에는 작은 차이 때문에 결과가 완전히 달라지는 일들이 너무나도 많다. 육상 경기에서는 0.01초 차이로 세계 제일의 영광이 엇갈리기도 한다. 단 1점 차이로 환호하는 승자와 고개를 떨군 패자가 결정되기도 한다. 우리가 삶을 살아가는 모습도 마찬가지이다.

이처럼 사소한 차이 때문에 일의 성공과 실패가 갈리며, 나아가 기분 좋게 웃으며 사는 사람과 허덕이며 사는 사람이 바뀌게 된다. 일에 있어서나 생활에 있어서나 남보다 한 발 앞서 나가는 사람은 결국 더 훌륭하게 일하고 더 행복하게 살게 되는 것이다.

이 책은 그 사소한 차이에 관한 책이다. 짧은 30여 년간의 군 생활 동안 주변의 성공한 사람들을 보며, 느끼고 배워왔던 소중한 지혜들을 여러분들에게 간절하게 전하고 싶었다. 열 세 개의 Chapter에는 소중한 성현들의 지혜, 세상에서 벌어지는 이야기들, 이 시대 작은 영웅들의 삶 등 작지만 알찬 이야기들이 담겨져 있다. 이 이야기들은 거창한 결심이나 각오보다는 작은 마음가짐과 간단한 행동으로도 세상을 한 발 앞서 나가는 데에 도움을 줄 것이다.

글을 읽는 여러분의 삶에 작은 빛이 되어 미래를 조금이나마 밝혀 줄 수 있다면 그것이야말로 책을 내는 데에 있어 최고의 영광이요 기쁨일 것이다.

이 책을 읽는 여러분들이 아름다운 삶을 위한 사소한 차이를 만들며 성공의 미래로 힘차게 나아갈 것을 믿는다. 이제 이 책에서 보물과도 같은 지혜를 얻어 가는 것은 여러분들의 몫이다. 성공과 행복을 향하여, 작은 차이를 만들어 나가는 한 걸음을 지금 당장 시작하기 바란다!

끝으로 이 책이 나올 수 있도록 원고정리에 도움을 준 이승희, 하동학, 정석완 군에게 감사의 말을 전하고, 촉박한 시간에도 불구하고 적극 협조해 주신 최순철 사장을 비롯한 오늘의책 식구들에게도 감사의 말을 전하는 바이다.

2005년 남산 기슭에서
백정군

66

인내처럼 세상에 드문 것도 없다.
재능은 어떠한가? 능력이 있음에도 성공하지 못한 사람들이 너무도 많다.
능력을 인정받지 못한 천재도 많다. 교육을 받았으나 쓸모없는 사람도 많다.
인내와 결의를 가진 사람만이 위대하다.

— 칼리 쿨리지, 미국 대통령

99

꿈은 이루어진다

파브르는 곤충에 미쳐 있었습니다. 포드는 자동차에 미쳐 있었습니다. 에디슨은 전기에 미쳐 있었습니다. 지금 당신은 무엇에 미쳐 있는가를 점검해 보십시오. 왜냐하면 당신이 미쳐 있는 그것은 반드시 실현되기 때문입니다.

— 폴 마이어

바라는 것의 강력한 힘

우리가 살고 있는 세상에는 정말로 바라기만 해도 거짓말처럼 이루어지는 것이 있다. '플라시보 효과'는 그런 '바라는 것의 힘'을 보여주는 단적인 예이다. 1950년 프랑스의 의사 에밀 쿠에는 처방전 없이 고통을 호소하며 약을 지어 달라는 이웃의 부탁에 약효가 전혀 없는 포도당 계열의 약을 지어 주었다. 그러나 마음의 위안이라도 받으라는 의미에서 지어 준 이 포도당 위약偽藥을 먹고 그 이웃은 씻은 듯이 고통이 없어졌다고 한다.

환자 스스로 '이 약을 먹으면 나을 거야'라는 소망(꿈)을 가지면 그 효과로 인하여 신체적 변화가 일어나 저절로 병이 치유된다는 것이다. '플라시보 효과'라고 이름 붙여진 이 현상은 '마음으로 바라는 것의 힘'을 보여주는 단적인 예이다.

여기서 관점을 달리 하면 이미 꿈이라는 것 자체가 인생의 푸른 알약이라 생각할 수 있다. 꿈을 가진다고 해서 당장 금전적으로 윤택해지는 것도 아니요, 외모가 나아지는 것도 아니며, 더군다나 더 높은 지위와 명예를 갖는 것도 아니다. 다시 말해 당장에 실질적으로 바뀌는 것은 없는 셈이라는 것이다. 다만 더 행복한 삶에 대한 꿈을 가지고 있을 때, 사람은 '더 잘 살게 될 거야' 라는 소망(꿈)을 갖게 되고 그 실현을 위해 더 부지런하고 좀더 긍정적이고 더 열심히 살면서 행복을 이루어 나가는 것이다. 결국 '꿈' 이라는 위약(僞藥)이 행복이라는 약효를 발휘한 셈이다. 꿈이라는 푸른 알약은 이처럼 '더 잘 살 수 있어' 라는 자기암시의 효과로 각자 스스로 행복을 성취해 나가게 만든다.

> **≫ 지금 꿈이라는 푸른 알약을 당신도 먹고 있는가?**

꿈꾸지 않는 자는 살아 있는 게 아니다

우리가 하고 있는 모든 행동에는 그 목표가 있다. 그것이 일부러 한 일이든 그렇지 않든 간에 사람은 어떤 목표를 이루기 위해 행동한다는 것이다. 무의식적으로 일어나는 호흡은 생명유지에 필요한 산소 공급을 위해서이며, 사소한 순간의 재채기라도 호흡기관 속의 이물질을 제거한다는 목표를 갖고 있다.

특히, 그 행동이 목표하는 바가 무엇인지 의식적으로 알고 행해진 것이라면 그 의미는 더욱 중요해진다. '왜 그 목표를 지향하는가?'라는 물음은 그 사람이 중요하게 여기는 가치가 무엇인지 알게 해 주기 때문이다. 의식적인 행동의 목표를 탐구하는 것은 곧 그 주체가 되는 사람에 대한 탐구가 된다고 볼 수 있다.

'꿈'은 이루고자 하는 소망이다. 누군가가 어떤 것을 이루고자 마음먹었다면 그것은 그 사람에게 가치 있는 일이라는 뜻이다. 더 편안한 생활을 위하여, 정의로운 사회구현을 위하여, 진리를 깨닫기 위하여, 혹은 절대적인 아름다움을 위하여 — 저마다의 꿈을 실현하기 위해 사람들은 행동한다. 이 부분에서 꿈은 삶의 목표가 된다. 다시 말해 사람들은 꿈을 목표로 행동하는 것이다.

그런데 만약, 꿈이 없는 사람은 어떻게 될까? 꿈이 없다는 것은 무언가 이루고 싶은 것이 없다는 의미이다. 새로 이룰 것이 없다면 남은 것은 현상유지일 뿐이다. 현상유지를 목표로 하는 삶에는 변화가 없다. 이 변화가 없다면 발전이 없다. 결국 발전이 없다면 내일도 없다. 오로지 무한히 반복되는 '오늘'만 계속될 뿐이다.

단테 알리기에리의 ≪신곡≫에 등장하는 지옥의 문에는 '나를 거쳐서 여기 들어오는 너희는 모든 희망을 영원히 버려라' 라고 써 있다. 희망은 소망이 이루어지기를 바라는 기대감이다. 결국 희망이 없는 사람은 소망을 이룬다는 기대가 없는 사람, 즉 꿈이 없는 사람이다. 결국 꿈이 없는 사람은 지옥에서 사는 것과 같다.

'나는 꿈이 없어' 라고 말하는 순간, 삶은 멈추어버리고 남는 것은 생존을 유지하기 위한 현상유지와, 언젠가 다가 올 죽음뿐이다. 스스로에게 사형선고를 내리고 제 발로 지옥으로 들어가는 것이다.

꿈을 버린 너는 나를 거쳐 지옥으로 가라.

≫ 혹시, 당신은 지금 지옥으로 들어가고 있지는 않은가?

꿈을 향한 열정이 있어야 한다

고대 그리스에 피그말리온이라는 석공이 살았다. 외로웠던 피그말리온은 대리석 여인상을 만들고 매일 사람처럼 대하며 말을 걸고 옷을 입히고 아침저녁으로 사랑을 속삭였다. 그는 간절한 마음으로 조각상이 사람이면 얼마나 좋을까 하고 신에게 빌었고, 신은 그 정성을 기특하게 여겨 조각상을 사람으로 만들어 주었다.

피그말리온 신화는 간절히 원한다면 불가능도 현실로 이루어질 수 있음을 말하고 있다. 굳이 먼 나라의 신화를 들먹이지 않더라도 우리 주위에는 피그말리온이 대리석 조각을 사람으로 만든 것 못지 않게 불가능을 현실로 이루어가는 기적의 주인공들을 만날 수 있다. 네 손가락의 피아니스트, 이희아 씨도 그런 사람들 중의 한 명이다.

선천성 사지기형 1급 장애우 이희아 씨(20)의 직업은 피아니스트이다. 그녀의 손에는 선천적으로 손가락이 두 개밖에 없고, 무릎 이하로는 절단수술을 하여 넓적다리뼈로 걸어야 한다. 그녀는 1999년 청와대 초청연주, 2000년 호주 시드니 장애인올림픽 축하연주, 2003년 문화예술인상 수상 등 신체가 건강한 피아니스트로서도 쉽게 이룰 수 없는 경력을 쌓고 있다. '장애인들도 모든 것을 당당하게 잘 할 수 있다는 것을 증명해 보이겠다' 는 그녀의 꿈은 매년 열리는 독주회와 순회공연에서 이루어지고 있다.

피아노를 치기 위해서는 손가락으로 건반을 눌러야 하고, 다리와 발을 이용해 페달을 밟아 음을 조절해야 한다. 그러나 손가락 갯수가 모자라고, 다리와 발을 절단해버린 피아니스트인 지금의 모습은 그녀가 얼마나 피나는 노력을 기울이고 있는가를 보여 주는 것이다. 하루 10시간씩의 연습과 고통을 견디게 한 원동력 — 그것은 바로 '장애인들도 당당하게 살 수 있다는 것을 보여 주자' 는 꿈, 그리고 그것을 이루기 위한 열정이었다.

20세기 최고의 화가 피카소가 발로리스 시에서 도자기와 도기에 대한 영감을 얻고 새로운 장르에 손을 대기 시작한 것은 그가 일흔이라는 나이에 접어들고 난 후였다. 그 때까지도 그는 마치 혈기가 넘치는 청년처럼 사랑하고 창작하고 꿈꾸었다고 한다. 예술이라는 꿈과 그 꿈에 대한 열정을 가지고 있는 한 나이가 일흔이든 여든이든 상관없이 새로운 것에 도전할 수 있다는 것이다.

피터팬은 영원히 늙지 않는다. 단순히 동화에 나오는 것처럼 그가 사는 '네버랜드'라는 장소에 이상한 마법이 있어서 늙지 않는 것이 아니다. 피터팬은 세파에 때 묻지 않은 순수한 동심과 꿈의 영웅이며 혈기로 가득한 소년과 청년 시절의 상징이다. 피터팬이 늙지 않는 이유는 바로 이 시기의 뜨거운 열정을 갖고 있기 때문이다. 따라서 순진한 꿈과 그에 대한 열정이 있는 한 물리적인 나이가 얼마가 되었든 간에 그는 언제까지나 늙지 않는 소년이고 청년인 것이다.

≫ 당신의 '꿈을 향한 열정'의 나이는 몇 살인가?

지속적으로 꿈을 꾸어야 한다

어린아이들의 꿈은 무엇일까?

대통령이 되고 싶다, 별을 만져보고 싶다, 하늘을 날아가고 싶다…….

당신도 분명히 어렸을 적에 이와 비슷한 꿈을 꾸었을 것이다. 그러나 어른이 된 지금 아이들의 꿈에 대해 당신은 어떻게 생각하고 있는가?

대통령이라니, 어린 마음에 허황되기도 하지.

별을 만진다구? 낭만적인 헛소리로군.

하늘을 나는 건 동화에서나 가능한 이야기야…….

왜 그렇게 생각하고 있는가?

그것은 이미 '알고 있기' 때문이다.

교육을 받으며, 인간관계를 유지 발전시키며, 또 삶을 살아가며 인간은 많은 것을 알아간다. 그리고 이렇게 알게 된 자연의 법칙에 의하여

(인간은 하늘을 날 수 없어),

사회적인 통념과 관습에 의하여 (여자가……),

법률과 제도에 의하여 (법률이 이러하니 안 돼),

능력에 대한 한계로

(내 머리로 그런 어려운 것은 못 해)

꿈은 이룰 수 없는 것이 되어 버린다. 그리고 어떤 식으로든 실패의 아픈 기억을 메워 보려는 시도를 한다. 꿈을 포기한 것에

대한 자기합리화와 핑계가 바로 그것이다. 마치 자신의 키가 작아 따먹을 수 없는 포도를 보고 '저 포도는 시고 맛이 없을 거야'라고 하며 등을 돌렸던 이솝우화의 여우처럼 꿈을 유치하고 의미 없는 것으로 매도해 버리고 마는 것이다.

이것이 비단 어린아이의 꿈에만 해당되는 것일까?

TV광고에 나오는 멋진 스포츠카를 보며, 한 순간 '갖고 싶다'는 소망을 갖는 사람들은 이내 이런 생각에 부딪친다.

내 나이에 무슨……(연령)

내 봉급으로는 어림없는 일이야.(능력의 한계)

내 신분에는 맞지 않지.(신분적 제약)

주위의 눈총이 따가울 것이 틀림없어.

(타인의 이목과 평가)

어린아이의 꿈을 듣고 갖가지 이유를 들며 냉소했듯, 어른의 꿈에도 나이와 능력과 체면 같은 이유를 들어 그것을 목표로 삼기 전에 꿈을 좌절시킨다. 그리고 아쉬운 마음을 거짓으로 달래기도 한다. '스포츠카는 허영이고 낭비일 뿐'이라고 말이다. 마치 스포츠카를 사지 않는 것이 도덕적으로 잘한 것인 듯 스스로를 위로하고 스포츠카를 소유한 다른 사람을 증오하기도 한다.

노력하기도 전에 이룰 수 없는 스포츠카라는 꿈을 바라보며 사람들은 이솝우화의 여우처럼 비아냥거린다. '저건 시고 맛이 없을 거야' 라고. 그리고 비도덕적이고 바람직하지 못한 것으로 매도된 꿈은 영원히 죽는다.

> ≫ **당신의 꿈은 무엇인가?**
> **그 꿈은 정말 이룰 수 없는 유치한 것인가?**

꿈꾸는 자에게 박수를 쳐 주어야 한다

우리가 꾸는 꿈도 언젠가는 현실이 된다. 물론 모든 꿈이 현실이 되는 것은 아니지만 포기하지 않고 노력하는 사람의 꿈이라면 그것은 언젠가 현실로 이루어진다. 꿈을 현실로 이룬다는 것은 그 꿈이 큰 것이든 작은 것이든 상관없이 진심으로 축복받을 일이다. 꿈을 현실로 이루기 위해 기울였을 노력과 꿈을 포기하지 않은 인내에 대하여 마땅히 박수를 쳐 주어야 하는 것이다.

문제는 그 다음이다. 현실이 되어 버린 꿈은 더 이상 꿈이 아니다. 꿈을 이루었다는 것은 이제까지의 꿈이 더 이상 꿈으로 존재하지 않는다는 뜻이다. 만약 일생을 바쳐 하나의 꿈만 가졌던 사람이 그 꿈을 이루었을 때, 그 사람은 앞으로도 계속 행복할 수 있을까?

답은 '아니오'이다. 이유는 그 사람은 꿈을 이루고 난 뒤 새로운 꿈을 꾸지 않을 것이기 때문이다. 일생을 바쳐 하나만을 바라고 원해 왔으니 새로운 꿈이 없다면 그가 더 이상 소망하는 것은 없는 것이며 결국 그는 꿈꾸지 않는 사람, 현상유지가 목표인 사람이 되어버릴 것이다. 물론, 한동안 그는 자신이 이룩한 것을 바라보며 흐뭇해할 것이다. 운이 좋다면 그 흐뭇함이 꽤나 오래 갈 수도 있다. 그러나 결국 그 흐뭇함의 끝에는 꿈을 이루었는데도 불구하고 허무감, 허탈감만 남을 것이다.

동화 《크리스마스 캐럴》의 인색한 부자, 스크루지 영감이 만났던 것 역시 비슷한 허무감이다. 오로지 돈을 모으기 위해 살았던 한평생 — 지독한 수전노 생활을 계속하여 돈을 모으고 꿈을 이루었지만, 그는 새로운 꿈을 꾸지 않은 채 이미 이루어 놓은 것에 집착하며 수전노 생활을 계속하였다. 그리고 어느 크리스마스이브, 쇠사슬에 묶인 모습을 한 친구의 영혼이 그의 꿈에 나타나 갖가지 환상을 보여주며 이제 사랑, 특히 가족 간의 사랑이라는 새로운 꿈을 꾸라고 그에게 재촉한다.

실제로 현존하는 세계의 부자들은 돈만을 원하며 살지는 않는다. 그들의 꿈은 인권, 인간의 미래, 예술이나 종교 혹은 기타 갖가지의 다른 정신적이고 사회적인 것들로 이루어져 있기도 하다. 다시 말해 더 높은 가치분야에 새로운 꿈을 꾸고 키워 나가는 것이다.

계속해서 꿈꾸어라. 처음부터 장기적이고 거대한 큰 꿈을 갖는 것도 좋고, 작은 꿈을 하나씩 이루어가며 지속적으로 이어가는 것도 역시 좋다. 중요한 것은 평생에 걸쳐 끊임없이 꿈을 꾸고 그것을 이루어 나가는 것이며, 종래에는 한 사람의 평생에 걸쳐 이루어 놓은 무언가가 탄생하게 될 것이다.

사람의 삶은 단지 심폐기능이 정지하여 멈추는 데에서 끝나는 것이 아니다. 부지런히 달려 결국 그 생이 추구한 목적지에 다다르는 데에서 끝나는 것이다. 그리고 그 레이스를 마치기 위해서는 꿈이라는 연료를 계속 주입해 주어야 한다. 그렇지 않으면 삶이라는 자동차는 멈추어 버릴 것이다.

> **≫ 당신의 삶은 충분한 꿈의 연료가 주입되어 있는가?**

꿈은 당신의 가치를 높여 준다

전원주택만을 전문적으로 취급하는 어느 성공한 부동산 중개업자는 이런 식으로 세일즈를 시작한다.

"이 농장은 이번에 우리에게 새로 들어 온 물건입니다. 이것은 그야말로 전형적인 농가 부동산으로 도심지에서 43마일이나 떨어져 있고, 집은 황폐해 있으며 농장 일이 중단된 지도 벌써 5년이나 되어 갑니다. 그러나……"

'그러나……' 라는 말 뒤에는 현재의 초라한 상태에 대한 설명의 열 배, 스무 배에 달하는 계획안이 설명으로 이어진다. 농장을 승마장으로 바꾸는 계획과 그 전망, 혹은 가족공원과 가금류 사육장을 결합한 형태의 테마파크에 대한 전망, 농장의 위치와 새로 개통되는 교통망에 대한 고려, 관련 산업의 전망 등이다.

그 부동산 중개업자는 허름한 시골 농장을 파는 것이 아니라 승마장이나 테마파크에 대한 '꿈' 을 팔고 있는 것이다. 당연히 가격은 허름한 농장이 아닌 승마장과 테마파크의 가격을 받을 수 있게 된다. 초라한 현실이 아니라 꿈에 주목했을 때 가치가 더욱 빛나게 되는 것이다.

현대는 세일즈의 시대라고 흔히들 말한다. 자신의 가치를 광고하며 끊임없이 자신의 상품 가치를 드높여야 하는 현대인으로서는 이 일화가 비단 농장을 파는 일에 국한된 것이 아닐 것이다. 낮은 학력, 초라한 외모, 부족한 경험, 부실한 체력, 적지 않은 나이……. '현재' 있는 그대로를 팔려고 한다면 현대인은 말 그대로 모두가 시대에 뒤떨어진 폐물이요, 퇴출 대상이 될 수 있다. 이제는 현실이 아닌 '꿈'을 팔아 보자. 우수한 인력, 멋진 스타일, 풍부한 커리어, 강인한 체력, 나이의 벽을 가리지 않는 열정……'꿈'을 품고 그것을 자신의 상품으로 가치화했을 때, 비로소 자신의 진정한 가치가 빛을 발하는 것이다.

꿈을 가진 사람은 모든 것을 할 수 있다. 그는 생명력이 가득한 뜨거운 가슴으로 살아 있다. 그는 늙지 않으며 언제나 열정적이다. 그는 꿈을 가지고 있기에 더 유능하고 더 멋진 사람으로 살아간다. 내일을 향한 그의 발걸음은 힘차게 미래를 열어 나간다.

> **≫ 계속 꿈을 꾸어라. 그것이 당신의 가치를 높여줄 것이다.**

Success Point

▶ 어릴 적 당신은 무엇을 꿈꾸었는지 돌아보라.

▶ 상상력의 산물인 책과 영화에 관심을 가져라.

▶ 안 된다는 생각이 들 때 반사적으로 왜 안 되지? 라고
  반문하라.

▶ 하루 10분씩 자신의 미래에 대하여 상상하는 시간을
  가져라.

▶ 늘 자신은 무슨 꿈을 갖고 있는가 점검하라.

미래는 꿈의 아름다움을 믿는 사람들의 것이다.
— 엘리노어 루스벨트

지금 변화를 직시하라

방황과 변화를 사랑한다는 것은 살아 있다는 증거이다.

— 바그너

우리는 4차원 시대에 살고 있다

1차원의 세상은 점과 선의 세상이다. 그 곳에는 오로지 하나의 점이 선의 어느 위치에 있는가가 변수가 된다. 2차원의 세상은 면의 세상이다. 수학에 나오는 두 개의 좌표로 이루어진 세상이 바로 2차원의 세상이다. 3차원의 세상은 입체의 세상이다. 비로소 이 단계에 길이와 너비에 높이가 더해져 부피를 나타낼 수가 있게 된다. 그렇다면 4차원은 무엇인가? 4차원은 공간 개념을 뛰어넘는 시간의 차원이다. 바로 시간이 하나의 변수가 되는 것이다. 이는 같은 위치에 있다 하더라도 다른 시간 값을 가지면 다른 존재가 되어버린다는 뜻이다.

현대를 일컬어 3차원이라 하는 것은 물리학에서 통용되는 학

문적인 진리이다. 사실 지금은 4차원의 시대이다. 일분일초가
지남에 따라 전 세계가 바뀌고 있다.

4차원의 세계를 가장 잘 보여주는 것은 바로 증권가이다. 예
전에는 신문에 나온 주식시세표만 보고 있어도 어떤 주에 투자
할 것인가, 어떤 분야가 뜨고 있는가가 대충은 보였다. 그런데
지금은 초고속 인터넷으로조차 그 흐름을 따라잡기가 힘들다고
한다. 화면에 정보가 표시된 뒤 버튼을 누르고 다시 정보가 전송
되는 그 찰나의 순간에 이미 그래프는 새로운 형태와 전혀 다른
국면으로 바뀌고 있는 것이다. 그야말로 4차원 세상이 아닐 수
가 없다.

4차원 시대에는 역사도 실시간으로 느껴진다. 20세기 이전, 역
사라는 것은 개인적인 차원으로는 알아차릴 수 없는 거대한 흐
름이었다. 전쟁을 예로 들면, 짧게는 몇 년부터 길게는 십여 년
씩이나 이어진 전쟁 속에서 인간은 그것이 어떻게 진행되는지
전혀 알지 못한 채 성벽 위에서 활을 쏘거나 참호 뒤에서 총을
쏘며 역사의 한 순간을 그냥 지나쳤다. 그리고 몇 세대가 지나야
비로소 '그건 역사였다'라고 되돌아 생각할 뿐이었다. 역사는
오로지 과거 속에만 존재했던 것이다. 그러나 지금은 어떠한가?
걸프전과 아프가니스탄 전쟁이라는 무려 두 차례의 전쟁이 TV

에 방영되는 영화처럼, 혹은 게임처럼 훌쩍 끝나 버렸다. 또한 2000년 이후 채 십 년도 되지 않은 기간 동안 세계는 테러리즘이니 문명 간의 충돌이니 하는 역사 속의 테마를 진행해 버렸다. 이렇듯 지금의 역사는 4차원 시대에 실시간으로 진행되고 있는 것이다.

'눈 감으면 코 베어간다' 라는 속담은 정신을 똑바로 차리지 않으면 자기도 모르는 사이에 당하는 각박하고 정신없는 시대를 빗대는 데 사용되었다. 그러나 이제는 '눈 감으면 코가 입이 되는' 시대가 되어 버렸다. 일분일초보다도 짧은 찰나에 보이지 않는 곳에서 또 무언가가 바뀌고 있다. 세계가, 시대가, 나를 둘러싼 세상의 모든 것이 빠르게 돌아가고 있는 것이다.

> **≫ 당신은 지금 시간의 흐름을 느끼고 있는가?**

작은 발상의 전환이 세상을 바꾼다

'중국 베이징에서 시작된 한 마리의 나비 날갯짓이 미국 뉴욕

의 태풍을 불러일으킨다.' — 이 충격적인 문장 덕분에 나비효과
는 이제 너무나도 유명한 이야기가 되어 버렸다. 시작 단계의 조
그만 변화가 최종 단계에서는 엄청난 차이를 불러 일으킨다는
이 극단적인 물리학 이론은 이제 자연현상을 설명하는 물리학의
한 분야가 아니라 아예 이 시대를 꿰뚫는 하나의 모토가 되어버
린 듯하다.

그런데 중요한 것은 뉴욕의 태풍이 아니다. 바로 베이징의 나
비이다. 아주 작은 아이디어 하나로도 세상을 흔드는 대히트를
칠 수 있으며, 반대로 아주 작은 실수 하나로도 세계적인 기업이
망하는 세계 — 그것이 '나비효과의 세계'인 것이다.

요즘 TV를 보면 홈쇼핑 광고에 등장하는 상품들은 모두 '98'
이라는 꼬리표를 붙이고 나온다. 만원 단위의 물건이면 끝이
9,800원, 십만 단위의 물건이면 98,000원으로 값이 매겨져 있다는
이야기이다. 한두 개도 아니고, 한 회사의 물품만 그런 것도 아
니고 서로 다른 분야의 서로 다른 회사에서 생산된 물건들이 모
조리 그러니 이상할 수밖에 없다.

그 비밀은 98이라는 숫자에 있다. 100으로 하면 단위가 세 자

리가 되니 비싸 보이고, 99로 하자니 조금 깎아주고 생색낸다는 오해를 받게 되니 아예 하나 더 내려서 98로 하자는 것이다. 40,000원짜리 물건을 39,800원에, 100,000원짜리 물건을 98,000원에 팔 때 비록 200원, 2000원을 깎아 파는 셈이지만 사는 사람들은 그것을 아주 싼 가격이라 착각하고 결국은 몇 배의 매상을 올린다고 한다.

바로 이것이 이 시대의 나비효과이다. 200원 할인이라는 작은 나비의 날갯짓은, 상품의 매출을 대폭 끌어올리는 바로 태풍이 되는 것이다.

아주 작은 발상이나, 반대로 아주 작은 실수가 큰 결과를 낳은 사례는 비단 오늘날뿐만 아니라 과거에도 종종 있었던 일이다. 그러나 다른 점이 있다면 지금은 혼돈이 지배하는 나비효과의 시대라는 것이다. 만약 지금 이 순간 한 수를 놓치게 된다면 그것은 무서운 속도로 흐르는 변화의 물결 속에서 실수를 바로잡을 틈도 없이 나중에 엄청난 손해로 다가오는 것이다. 다소 무신경하고 거침없이 살았던 것이 이전 시대의 일이라면, 이제는 작고 사소한 변화라도 놓치지 않고 주의를 기울여야 한다. 작은 나비의 날갯짓이라 하여 무시하고 지나간다면 그것이 언제 태풍이 되어 덮쳐올지 그 누구도 모르기 때문이다.

변화에 민감하게 대처하라

진화론의 아버지 다윈은 생명의 진화를 설명하면서 '먹이를 구하거나, 천적을 피하거나, 자손을 번식하는 데 있어서 자연환경에 더 적합하게 탄생한 개체는 번성하고, 그렇지 못한 개체는 자연스럽게 도태되어 진화의 방향을 결정하였다'는 '자연선택설'을 주장하였다. 다시 말해 자연은 자신에게 적응하지 못하는 생명체를 멸종시켜버리는 힘을 가지고 있었던 것이다. 그러나 인간이 문명을 발전시키면서 반대로 인간이 자연 환경을 인간에 맞게 바꾸어 왔다. 온갖 문명의 이기는 지구의 기후와 생태 환경과 그 밖의 온갖 것들로부터 인간을 자유롭게 하였으며 반면에 자연은 이제 각종 환경 파괴와 오염 물질에 의하여 시달리는 약자의 위치가 되어 버렸다.

그러나 다시 자연도태설은 다른 형태로 인간에 대한 역습을 개시하고 있다. 그것은 산과 들, 동식물을 대신하여 '새로운 자연'으로 들어선 빌딩 숲과 정보의 바다, 국제시장 속에서의 정글의 역습이다. 이 '새로운 자연'은 더 혁신적인 기술과 더 효율적인 생산과 더 창의적인 아이디어를 가진 개체를 받아들인다. 그리고 그에 맞지 않는 개체들을 '매각'과 '퇴출'을 통하여 멸종시키고 있다. 이처럼 자연선택의 법칙은 다시 현실이 되고 있는 것이다.

거대 글로벌 기업 IBM그룹이 자사의 PC 사업 라인의 지분을 중국 레노보 사에 매각하여 실질적으로 인수·합병시키기로 했다는 소식이 알려졌을 때, 전 세계는 공룡 IBM의 몰락과 글로벌 PC 시장 점유율 3위로 뛰어오른 중국 기업의 급부상에 대하여 주목하였다. 그러나 사실 이 인수·합병은 3년 전부터 제안되어 왔던 것이다. IBM은 그간 Dell컴퓨터, 휴렛 팩커드와의 경쟁으로 손실만 불러 오던 PC 사업부를 레노보에 인수·합병시킴으로써 재무구조를 개선하여 2005년 2분기 4퍼센트 대의 순이익 증가를 보이고 있다.

공격적인 인수·합병, 그리고 인정사정없이 투자와 퇴출을 결정하는 거대 국제 자본, 격렬한 기술 경쟁 — 이 가차 없는 새로운 자연의 법칙 앞에서는 거대기업인 IBM조차도 속수무책이었으며 결국 과감하게 PC사업 라인을 제거하는 대수술을 통해 생존을 모색하고 있는 것이다.

하지만 비단 기업뿐만이 아니다. 개인들 역시 마찬가지이다. 새로이 등장한 자연은 무한 경쟁에 적응하지 못하면 기업과 개인을 가리지 않고 가차 없이 퇴출시킨다. IMF를 전후로 사회 전반에 불어 닥친 정리해고 바람은 대한민국 역시 이런 새로운 자연선택의 물결에서 자유로울 수 없음을 시사한다. '오륙도(50, 60대에 아직도 직장에 남아 있으면 도둑)', '사오정(40, 50대면 정년)' 같은 유행어는 바로 새로운 자연이 남긴 무자비한 선고문인 셈이다.

공룡의 멸종설 중의 하나는 설치류 식물이 양치류 식물로 진화하면서 여기에 적응하지 못한 공룡이 먹이를 찾지 못해 굶어죽었다고 하는 주장이다. 그런데 새로운 자연 환경의 속도는 이것과는 비교할 수 없이 빠르다. 설치류 식물이 양치류 식물로 바뀌는 데에야 수십 년, 수백 년이 걸렸을 테지만 새로운 '빌딩 숲의 자연'에서 무언가 중요한 변화가 일어나는 데에는 수십 분, 아니 수십 초도 걸리지 않을 수 있다. 또한 식물군이 변한 뒤에도 공룡은 꽤나 오랜 기간을 살아남았겠지만 바로 지금 부적응자의 내일은 당장 '퇴출'과 '제거'뿐이다. 변화와 멸종의 사이클은 더 급박해졌다. 이 새로운 자연선택에서 살아남는 것은 단 한 가지 — 더 빨리 변하고 더 잘 적응하는 것이다.

≫ 당신은 적응하고 있는가?

아메바 같은 유연성이 필요하다

요즘 휴대전화는 단순히 전화기능만 가지고 있는 것이 아니다. 그것은 디지털 카메라이자 MP3 플레이어이고, 심지어는 휴대용 게임기이기도 하다. 기종에 따라서는 교통카드를 대신할 수 있는 것도 있고 어떤 것은 신용카드로도 쓸 수 있다. 이것이 바로 '디지털 컨버전스 시대'의 모습이다. 디지털 컨버전스는 하나의 기기에 다수의 복합적이고, 개별적인 기능을 내장하여 복잡하게 여러 가지 기기를 휴대하지 않아도 충분히 다양한 서비스를 이용할 수 있게 하는 것이다.

이러한 컨버전스의 기반에 깔려 있는 관념은 바로 '고정적인 것은 없다' 라는 것이다. 고정적으로 '휴대폰은 휴대폰이어야 한다' 혹은 '디지털 카메라는 사진을 찍는 기계이다' 라고 못박지 않고 '이것은 휴대전화이며 동시에 디지털 카메라이고, 때때로 휴대용 게임기로 쓸 수도 있으며 교통 카드와 신용 카드로도 쓸 수 있다' 는 유연함이 디지털 컨버전스를 가능하게 한다.

물론 디지털 컨버전스가 무조건 이것저것 섞어 놓는 것을 의미하는 것은 아니다. 아무리 휴대전화에 카메라와 MP3, 신용카드가 함께 달려 있다 하여도 그것이 전화통화 본래의 기능을 소홀히 한다면 그것은 실격이다. 기본적인 기능은 제대로 지키면서도 추가적인 융합을 통하여 어느 것 하나 빠지지 않는 통합 기능을 구현하는 것이 진정한 디지털 컨버전스라는 것이다. 이것은 '전화로는 전화만을 해야 하고 MP3 플레이어로는 음악만을 들어야 하며 카메라로는 사진만을 찍는다' 는 고정 관념으로는 결코 이루어낼 수 없다. '휴대전화이며 디지털 카메라이자 동시에 MP3 플레이어' 라는 창의적이고 유연한 생각만이 세 개를 완벽하게 하나로 통합한 제품을 창조해 내고 더 나아가 시대의 요구에 부응할 수 있는 것이다.

원생동물의 한 종류인 아메바는 일정한 형태를 가지고 있지 않다. 그것은 무정형의 세포 덩어리로서, 물속을 떠다니다가 먹잇감을 발견하면 세포의 일부분을 내밀어 먹이를 몸속에 포함시킨 다음에 먹는다. 생명력도 강하여 불로 태우지 않는 한 칼로 두 동강이가 나도 개체번식을 한다. 일정한 골격기관이 없기 때문에 사는 장소에 제한이 없으며 핵만 살아 있으면 어떤 상황이 되더라도 살아날 수 있다.

바로 이런 아메바와 같은 유연성이 필요하다. 주변 환경의 변화에 적응하기 위해 딱딱한 껍데기를 버리고 핵심만을 취하여 끈질긴 적응력을 보여야 하는 것이다. 조직이라면 단단하게 자리 잡은 허례허식과 구습, 개인이라면 고정관념과 관습적인 태도를 버리고 변화해 가는 환경에 적응해야 한다.

이제까지의 진화가 더 튼튼하고 단단한 껍질과 뼈를 만들어 자신을 보호하고 더 강하게 뿌리내리는 것이었다면, 앞으로의 진화는 핵심만을 유지한 채 유연하게 부유할 수 있는 '아메바형 진화'가 되어야 할 것이다.

≫ 당신은 얼마나 변화에 빠르게 적응할 수 있는가?

자기를 버릴 때 변화는 온다

계절이 바뀔 때마다 코를 훌쩍이는 사람이 있다. 봄이면 꽃가루 때문에, 여름이면 냉방병으로, 가을이면 환절기라서, 겨울이면 감기로 — 봄과 가을이야 알레르기 반응 때문에 어쩔 수 없다고 하더라도 이 사람이 사시사철 훌쩍이는 것은 분명 반은 자기 책임이다. 그건 어쩌면 본능적으로 계절에 적응하지 않으려고 했기 때문일 수도 있다. 여름은 으레 더운 계절인 만큼 조금 더워도 그러려니 해야 하는데 그걸 못 참아서 에어컨을 틀어 대니 냉방병에 걸리는 것이며, 겨울에 추운 것이 당연한데도 그것이 싫어서 필요 이상으로 난방을 해 대니 공기가 건조해져 감기에 걸리는 것이다.

'더운 것도 추운 것도 싫다. 나는 언제나 쾌적한 이 온도를 유지하겠다' 라는 고집 때문에 일 년 열두 달을 훌쩍이며 살아가는 것은 분명 어리석은 일이다. 그런데 그 사람을 보고 비웃는 다른 사람들과 혹시나 이 글을 읽고 있는 당신 역시, 비슷한 어리석음을 갖고 있을지도 모를 일이다. 지금 더위나 추위를 견디고 말고의 차이를 말하려는 것이 아니다. 중요한 것은, '과연 얼마나 내 것을 지키는 데에 고집이 센가' 이다.

자기 것을 지킨다는 것은 매우 중요한 일이다. 자기 것을 지키지 못하고 남의 주관에 휩쓸리고 유행에 휩쓸리고 세상에 휩쓸리는 사람은 주체적인 삶을 살지 못하는 불행한 사람이다. 그러나 불필요한 것까지 지키려고 안간힘을 쓴다면 그 사람은 결코 변화를 쫓아갈 수 없다. '내 온도를 지키겠다' 라는 고집이 계절의 변화를 따라갈 수 없게 만들었듯이 '내 방식을 고수하겠어' 혹은 '내 스타일대로 계속 살아갈 거야' 라는 고집은 변화하는 시대에 뒤처지게 만드는 원인이 되는 것이다.

한 사람이 홍수로 물이 불어나 고립된 건물의 옥상에서 구조를 기다리며 신에게 간절하게 기도를 올렸다. 기도를 하는 도중 하늘에서 헬리콥터 한 대가 오더니 구조용 사다리를 내렸다. 그 사람은 신이 자신을 구해줄 것이라며 구조를 거절하였다. 조금 뒤 구조대의 보트가 다가와 튜브를 던졌다. 이번에도 역시 그 사람은 자신은 신의 도움을 받을 것이라면서 구조를 거절하였다. 그러다가 결국 그 사람은 건물 옥상에서 익사하고 말았다. 혼백이 된 그 사람은 신을 만나 왜 구해주지 않았냐고 따졌다. 그러자 신은 어이가 없다는 듯이 대답하였다. 헬리콥터도 보내 주고 배도 보내 주었는데 거절해 놓고 딴 소리냐고.

한 편의 우스갯소리로 들릴 수도 있지만, 어쩌면 이 이야기에는 '분명 신의 도움은 뭔가 다른 형태일 것이다'라는 자기 생각에 사로잡혀 결국 목숨을 잃게 되었다는 의미가 담겨 있다. 자기 스타일을 고집하려고 하다 보니 그것이 정말 자신이 원하던 기회인지조차도 알아보지 못하는 것이다.

우리는 손에 뭔가를 가득 쥔 채로 다른 일을 할 수는 없다. 가득 찬 손이 할 수 있는 것은 그저 가만히 모아 가지고 있는 것을 땅에 떨어뜨리지 않는 것이다. 그러나 비어 있는 손으로는 다른 수많은 일을 할 수 있다. 그럴 때 손은 무한한 가능성을 가진 도구가 된다. 마찬가지로, 자신을 버리지 않는 사람은 변화를 받아들일 수 없다. 그저 가진 것을 지키려 애쓸 뿐이다. 오로지 버릴 줄 아는 사람만이 변화에 적응하고 새로운 미래를 개척해 나가는 것이다.

자신을 버려라. 필요한 것 말고는 모두 버려라. 그래야만 변화에 적응할 수 있다. 쓸데없는 고집으로 기회를 잃고 변화를 따라가지 못한다면 당신은 거센 시대의 격류에 쓸려 익사할지도 모른다.

> **≫ 변화는 선택이 아니라 생존의 문제이다.**

Success Point

▶ 뉴스와 신문을 꼼꼼하게 챙기고 점검하라.

▶ 지금 잘 나간다고 하여도 끊임없이 바꿔 보아라.

▶ 귀찮해하면 변화는 있을 수 없다. 늘 적극적이고 활기
  차게 행동하는 사람이 되어라.

▶ 자신의 직업, 재산, 학력 등은 영구불변하게 유지되는
  것이 아니라 새 변화를 일으키기 위한 자산이다.

과제 없는 비전은 꿈에 불과하며, 비전 없는 과제는 고역일 뿐이다.
그러나 과제와 결합된 비전은 실현된 꿈이다.
— 윌리 스톤

창조적으로 생각하라

우리의 머리가 둥근 것은 생각의 방향을 얼마든지
바꿀 수 있게 하려는 신의 배려이다.
— 프란시스 피카비아

불편함을 당연하게 생각하지 마라

2004년 7월 1일 일본의 산토리 사와 호주의 플로리진은 팬지꽃에서 청색 유전자를 추출하여 장미에 주입을 함으로써 이제까지 불가능한 것으로 생각되어 왔던 푸른 장미를 탄생시키는 데에 성공했다고 발표했다.

이때까지만 해도 장미는 원종이 흰색과 붉은색으로서 파란색을 내는 유전인자가 전혀 없어 완벽한 파란색을 내는 것은 불가능하다고 생각되어 왔다. 그리고 1945년 이후로 파란 장미를 만들겠다는 여러 차례의 시도가 있었지만 완전한 파란색이 아닌 연보라색을 내는 것에 그쳤다.

중국 동화에는 공주의 사랑을 얻기 위해 푸른 장미를 찾아다닌다는 내용의 이야기가 있다. 이 동화는 최후에 한 떠돌이 악사가 흰 장미를 바치며 '이것이 열정을 담은 파란 장미'라고 말하여 공주의 사랑을 얻는다는 것으로 끝난다.

푸른 장미는 동화 속에서조차 실체가 아닌 정신적인 존재로 그려지고 있는 것이다. 그 때문인지 푸른 장미는 세상에 존재하지 않는 꽃임에도 불구하고 오래 전부터 '불가능'이라는 꽃말을 가지고 있었다. 그런데 이제는 그 꽃말을 바꾸어야 할지도 모른다. 이제 푸른 장미는 현실이 되었기 때문이다.

푸른 장미를 단지 동화 속의 이야기, 불가능한 존재로 생각했다면 이 낭만적인 푸른 꽃은 세상에 나오지 못했을 것이다. 동화 속 이야기를 현실화하는 천진난만한 아이디어가 있었기 때문에 푸른 장미는 환상에서 현실이 된 것이다.

시장에서는 지금 푸른 장미가 보통 장미보다 훨씬 비싼 가격으로 팔리고 있다. 다시 말해 환상 속에서나 존재했던 푸른 장미는 이제 막대한 시장가치를 지닌 상품이 된 것이다. 푸른 장미는 그 신비함과 동화적인 낭만을 무기로 젊은 연인들에게 열광적인 반응을 얻고 있다고 한다. 산토리 사와 플로리진은 허구의 동화 속에서 푸른 장미라는 현실 세계의 보물을 찾아낸 셈이다.

어린 시절 소풍 때 보물찾기의 묘미는 보물이 결코 눈에 잘 띄는 일상적인 장소에 있지 않다는 것이다. 보물은 아무도 생각하지 못하는 곳, 상식 밖의 의외의 장소에 숨겨져 있다. 남도 생각할 수 있는 곳은 이미 누군가가 뒤져 보았다. 보물이 숨겨져 있는 곳은 오직 나만이 생각해 낸 장소이다.

아무도 생각하지 못한 것은 곧 보물이 되기도 한다. 환상 속에나 존재하는 불가능한 것이 현실로 되었을 때, 그것은 막대한 가치가 된다.

보물은 곧 남들이 생각해내지 못하는 것을 생각해 내는 능력에 숨겨져 있는 것이다. 발상의 전환을 뛰어 넘어 생각하지 못하는 것까지 생각하라. 그것이 보물이다.

≫ 지금 불가능하다고 생각하는 것 중에 보물이 숨겨져 있다.

참지 않는 자에게도 복이 오리니

1974년 어느 일요일, 3M 사의 직원인 아트 프라이는 예배 중에 찬송가를 부르다가 책을 떨어뜨리고 말았다. 그는 자주 부르는 노래가 몇 페이지에 있는지 표시해 놓기 위해 종이를 꽂아 놓았는데, 그만 책이 떨어져 종이들이 모두 빠져 버린 것에 화가 났다. 찬송가책을 상하게 하지 않고 페이지를 표시할 수 있는 방법을 생각하던 아트는 동료 직원이 개발했으나 실패작으로 폐기된 풀을 생각해 내었다. 그 풀은 접착력이 너무 약하여 사용하기에 적합하지 않다고 생각한 것이었다. 아트 프라이는 연구를 거듭한 끝에 지금은 사무실에서 빼놓을 수 없는 메모지 '포스트잇'을 발명해 내었다.

'참을 인忍자 셋이면 살인도 면한다' 라는 말이 있다. 인내를 가지고 살아야 한다는 것을 강조한 말이다. 그러나 일단 참기 전에 반드시 생각해 봐야 할 것이 있다.

이것이 과연 세 번씩이나 참을 만한 일인가?

인내의 대상에는 여러 가지가 있을 수 있다. 그것은 인간관계의 문제일 수도 있고, 제도적인 문제일 수도 있고, 물질적인 불편함일 수도 있다. 어쨌든 참는다는 것은 과히 유쾌한 일이 아니다. 그것은 불쾌함을 강제로 억누르는 것에 불과할 뿐이다. 그렇다면 참기보다는 아예 처음부터 불쾌감을 제거해버리는 것이 낫지 않을까? 참을성 없고 반항적인 사람들이 기발한 발상과 놀라운 창조의 주인공이 되는 것은 이상한 일이 아니다.

1883년 뉴욕, 보험판매원 루이스 애드슨 워터맨은 어느 건물주를 간신히 설득하여 빌딩부지에 대한 보험 계약을 체결하려고 하였다. 그런데 당시 쓰였던 구형 만년필은 잉크 조절 기능이 없었기 때문에 그만 잉크가 밖으로 터져 나와 계약서를 망치고 말았다. 워터맨은 급히 새 계약서를 구하여 계약을 성사시키려 하였지만 건물주는 이것을 불길한 징조로 여기고 경쟁 보험사와 계약을 체결해 버렸다.

워터맨은 이 사건에 충격을 받고 모든 것을 버리고 시골 농장에 틀어박혀 만년필 개조에 온 힘을 기울였다. 그 결과 모세관 현상을 이용하여 잉크의 양을 고르게 조절하는 현대적인 만년필이 탄생하였다. 지금 워터맨은 만년필 메이커의 대명사로 전 세계에서 애용되고 있다.

불쾌한 것을 참지 못하고, 주어진 상황에 대해 반항하는 과정에서 '모두가 당연하다고 생각'하고 참고 넘어갔던 문제들에 대해 새로운 해결책이 떠오르는 것이다. 만약 아트 프라이가 투덜대면서도 찬송가책에 도로 종이를 끼워 넣었다면 포스트잇은 탄생하지 못했을 것이고, 워터맨이 만년필의 고장만을 비관하며 꾹 참고 있었다면 워터맨의 '만년필' 같은 신화는 이루어지지 않았을 것이다.

불편함을 참지 않고 개선을 모색함으로써 아트 프라이와 워터맨은 새로운 창조를 이루어 낸 것이다.

불쾌함과 불편함을 '당연하게' 생각하지 말라. 그것은 얼마든지 참신하고 새로운 발상에 의해 개선될 수도 있는 것이다. 살아가면서 마주치는 여러 가지 불편함에 대하여 '이런 것을 참고 넘어가야 한단 말인가?' 라고 짜증을 내는 것으로부터 창조가 시작될지도 모른다.

> **당신은 무조건 참는가, 창조적으로 참는가?**

창조적으로 살기, 두 번째 |

$$99 + 1 = 100$$

철지난 노래 가사 중에 이런 것이 있다.

'님이 되어 만난 사람도 점하나만 찍으면 남이 되어 헤어진다.'

말장난 같은 문장이지만 사실 이 가사는 중요한 메시지를 담고 있다. 작은 하나의 '점'에서 엄청난 차이가 발생할 수 있다는 것이다. 이 '점'은 바로 조그만 발상의 변화를 의미한다. 거대한 차이를 불러오는 조그만 변화, 그것이 이 노래에서 얻을 수 있는 열쇠인 것이다.

99와 100은 단지 1이라는 작은 차이를 가지고 있다. 그러나 99와 100의 의미는 크게 다르다. 99는 두 자릿수이고, 100은 세 자릿수이다. 99점은 그저 우수한 성적이지만 100점은 수석이다. 99퍼센트는 미완성이고 100퍼센트는 완성이다. 에디슨의 명언인 '천재는 99퍼센트의 노력과 1퍼센트의 영감으로 이루어진다'를 빌리자면 99까지는 그저 성실한 보통 사람이고 100은 천재인 것이다. 99를 100으로 만드는 +1의 힘은 수많은 창조와 혁신의 원동력이 되어 왔다. 그 극단적인 예가 십자나사못과 십자드라이

버이다.

1930년대 초 견습 기술자 헨리 F. 필립스는 라디오 수리를 하다가 나사못의 일자 홈이 망가져 잘 돌아가지 않는 것을 발견하였다. 홈이 너무 심하게 뭉개져 쓸 수 없게 되자 그는 줄톱으로 나사못의 머리를 갈아 새로운 홈을 내려고 하였다. 그런데 새로 홈을 내고 보니 십자 모양의 홈이 만들어졌고 이 모양은 나사못을 더 세게, 쉽게 조일 수 있게 하는 것이었다. 이것이 십자나사못과 십자드라이버의 탄생이다.

단 하나의 홈을 더 팠을 뿐인데도 십자나사못은 일자나사못에 비하여 고정력은 더 세고 풀고 조이는 동작은 더 쉽다. 이것이 바로 99에 1을 더하는 발상이다.

'창조'라고 하면 뭔가 거창하고 대단한 것을 상상하는 경향이 있다. 그러나 중요한 것은 그 규모가 아니라 기능과 효과이다. 10년의 연구 과정을 거쳐 전자동 팝콘 기계를 만드는 것과 단 10분을 투자하여 일자나사못을 십자나사못으로 바꾸는 것 ― 비록 기간과 규모는 앞의 것이 훨씬 크다고 하겠지만 실질적으로 더 큰 발전과 더 나은 진보를 가져온 것은 나사못일 것이다.

아무리 작은 개선이라 하더라도 그것이 큰 변화의 초석이 된다면 그것은 충분히 가치 있고 위대한 창조인 것이다.

》 99를 100으로 만드는 1을 찾아라.

창조적으로 살기, 세 번째 |
제7의 감각 – 분출하는 아이디어

1895년 여름 어느 날, 보스턴으로 출장중이던 회사원 질레트는 그만 늦잠을 자고 말았다. 거래처와의 약속 시간이 얼마 남지 않은 터라 서둘러 출근준비를 하던 질레트는 그만 면도를 하다가 여러 군데 얼굴을 베이고 말았다. 화가 난 그는 살갗을 베지 않는 면도기를 만들겠다고 다짐했고 1년이 넘는 시간을 틈틈이 연구에 투자했다. 그러던 어느 날, 머리를 깎던 질레트는 이발사가 머리카락에 빗을 대고 가위질을 하는 것을 보게 되었다. 그는 이것이 면도기에도 적용될 수 있지 않을까 하는 생각을 했고 이것이 현재 면도기 시장을 주름잡고 있는 질레트 사의 탄생이었다.

일상생활에 투입되는 시간 자원은 의외로 막대하다. 현대인이라면 하루의 대부분을 집과 직장에서의 평범한 행동으로 보내고 있을 것이다. 때문에 이러한 일상생활의 시간을 특별하게 활용한다는 것은 그만큼 엄청난 시간 자원을 삶에 보태는 것과 같다.

시간 자원을 보태는 방법에는 여러 가지가 있을 수 있다. 틈틈이 독서를 하여 마음을 살찌울 수도 있고, 모자라는 공부를 통하여 자기계발을 꾀할 수도 있다. 딱히 이것이 저것보다 좋다라고는 말할 수 없겠지만, 필자는 특별히 '아이디어의 감각을 열어 놓으라' 라고 권하고 싶다.

아이디어 감각은 쉽게 말해서 '아이디어를 느끼고 생각해 내는 감각' 이다. 같은 것을 보더라도 아이디어 감각이 있는 사람은 참신하고 톡톡 튀는 아이디어를 낼 수 있다. 세계적인 히트상품인 '다마고치' 는 바로 아이디어 감각의 산물이다.

1996년 겨울, 일본은 작은 달걀 모양의 장난감에 완전히 매료되었다. '다마고치' 라는 이름의 이 장난감은 곧 세계에 수출되어 전지구적인 센세이션을 일으켰다. 일본 국내 매상 1억 5천만 달러였고, 세계 매상은 추정만 가능할 뿐 정확한 데이터는 생산자인 반다이 사만이 알고 있을 뿐이다. 이 장난감의 창조자는 28세의 젊은 주부 아키이다.

애완동물을 기르고 싶어 했던 그녀는 너무나도 좁은 집에서 어떻게 하면 애완동물을 기를 수 있을까 골똘히 생각했고 어느 날 TV를 보던 중에 아주 우연히 지나친 광고에서 '보호본능을 일으키는 인공 애완동물' 이라는 영감을 얻었다. 그녀는 곧 그것을 자신의 소망과 연결시켰고 얼마 지나지 않아 간단한 프로그래밍을 통하여 다마고치의 초기 모델을 발표할 수 있었다.

이처럼 '아이디어의 감각' 을 열어 놓는 데에는 특별한 각오가 필요하지 않다. 돈이 드는 것도 아니다. 단지 일상 속에서 지나치는 것에 대하여 다시 한 번 돌아보고, 또 한 번 생각해보는 습관인 것이다. 그것이 아이디어의 감각을 열어 놓는 것의 첫걸음이다.

언제나 깨어 있는 마인드로 주위를 관찰하면 아이디어는 마치 번개와도 같이 머릿속에서 반짝인다. 질레트는 머리를 깎다가, 아키는 TV를 보다가 이런 아이디어 감각의 선물을 받았다고 할 수 있겠다.

창조는 천재와 학자들만의 전유물이 아니다. 그것은 보통 사람들도 충분히 할 수 있다. 일상생활은 누구에게나 주어지는 것이고 아이디어의 씨앗은 일상 속에서도 싹틀 수 있기 때문이다. 누구라도 깨어 있는 생각과 열린 시야로 세상을 바라보면 세상을 놀라게 할 아이디어를 얻을 수 있는 것이다.

> **≫ 당신의 아이디어 감각은 깨어 있는가?**

창조적으로 살기, 네 번째 |
책상 위에 서서

요즘은 무얼 하더라도 '튀는' 것이 중요한 시대이다. TV 광고를 보다보면 어느 것 하나라도 남들과 다른 것, 나만이 가진 무언가를 드러내놓고 강조한다.

이제 개성이라는 단어는 몇몇 특별하고 기이한 경우를 설명하는 것이 아니라 모든 사람이 가져야 할 필수품이 되어 버렸다.

개성과 차별화가 이토록 거대한 화두가 된 시대이니만큼, 이제는 튀어도 '아주 잘 튀어야' 한다. '잘 튀는 것'의 일차적 조건은 다름 아닌 바로 충격이다. 충격은 '당연하다'고 믿었던 것이 깨어질 때 생기는 것이다.

진실이라 믿었던 지식이 거짓이 될 때, 좋은 사람이라 믿었던 친구가 알고 보니 악인일 때 사람들은 충격을 받는 것이다. 깨어진 믿음이 굳고 오래된 것일수록 충격은 더 크고 효과적인 것이 된다.

충격을 주기 위해 파괴할 수 있는 것에는 여러 가지가 있다. 그것은 도덕일 수도 있고, 법률일 수도 있으며, 또 다른 무언가가 될 수도 있다. 그러나 파괴하는 데에도 규칙이 있다. 튀기 위해 도덕을 파괴하는 것은 패륜이다. 인간의 도리를 저버리는 개성은 인간의 덕목이 아니라 야수의 횡포인 것이다. 법률을 파괴하는 것 역시 마찬가지이다.

법률을 파괴하는 것이 개성이 된 사람은 만성적인 범죄자일 뿐이다. 다시 말해 튀는 데에도 지켜야 할 것이 반드시 있는 것이다.

튀는 데 있어서 가장 바람직한 파괴의 대상은 고정관념과 상식이다. 고정관념과 상식은 윤리적인 문제를 일으키지도 않고 법률에 저촉되지도 않으며 동시에 많은 사람들이 공유하고 있어

충격의 효과 또한 강력하다.

고정관념과 상식을 파괴하는 것은 충격과 함께 신선한 쾌감을 주는 것이다.

지금은 명칭이 바뀌었지만 예전의 LG전자가 러시아에 수출하고 있는 제품 중에 꽤나 큰 비중을 차지하고 있는 것이 에어컨이었다. LG전자는 '러시아에도 분명 여름은 있다' 라는 데에 착안하여 면밀한 시장 조사를 실시하였다. 그 결과 1년에 4~5개월 정도 여름철 기간이 있으며, 러시아 사람들은 추위에 강한 데 비하여 익숙하지 못한 더위에는 잘 견디지 못한다는 사실을 발견하였다.

LG전자는 이에 냉난방 겸용 에어컨을 수출하기 시작하였으며 이것은 초기 시장 점유율이 35퍼센트에 이를 정도로 큰 인기를 누렸다.

'남극 대륙에 냉장고 팔기' 라는 재미있는 표현이 있다. 얼음 투성이인 대륙에 냉장고를 팔정도로 대단한 상술이라는 뜻이다. '러시아에 에어컨 팔기' 역시 이것과 거의 다를 바가 없다. 둘 다 '추운 지방에는 인공적으로 뭔가를 차갑게 할 필요가 없다' 는 고정관념에서 생각하면 우스갯소리일 뿐이다. 그러나 당연하게 필요가 없으리라 여겨졌던 에어컨은 사실 더위에 약한 러시아인들에게 꼭 필요한 것임이 밝혀졌고, 이를 발견한 LG전자는 막대한 매상을 올릴 수 있었다.

'당연히 추운 나라에는 에어컨이 필요 없겠지'라는 고정관념을 파괴하자 엄청난 이익을 얻은 것이다.

내가 왜 이 위에 서 있는지 이유를 아는 사람?

이 위에 서 있는 이유는 사물을 다른 각도에서 보려는 거야.

이 위에서 보면 세상이 무척 다르게 보이지.

믿어지지 않는다면 너희들도 한 번 해 봐. 어서, 어서.

어떤 사실을 안다고 생각할 때 그것을 다른 시각에서도 봐야 해.

틀리고 바보 같은 일이라도 시도해 봐야 해.

— 영화 '죽은 시인의 사회' 중에서

오래 전 영화 '죽은 시인의 사회'에서 키팅 선생의 말은 고정관념을 과감하게 부수라는 메시지를 던지고 있다.

'당연하게' 생각되는 것을 버리고 책상 위로 올라서라. 그리고 낯선 눈높이와 새로운 시각에서 사물을 바라보라. 그러면 서서히 새로운 것이 보일 것이다.

Why라는 사고방식을 가까이해야 한다

숯과 다이아몬드의 화학적 성분은 모두 100퍼센트 C(탄소)로 동일하다. 둘 다 똑같이 자연계에서 가장 흔하다는 탄소 원자로 이루어진 탄소덩어리들이라는 것이다.

그렇다면 왜, 어떤 탄소덩어리들은 까맣고 못생긴 숯이라는 평범한 연료로 쓰이는 반면에 어떤 탄소덩어리들은 다이아몬드라는 눈부시게 빛나는 보배로 인정받고 있는 것일까?

비밀은 바로 분자구조에 있다. 탄소의 분자구조가 단단하고 조밀하게 연결되면 다이아몬드가 되는 것이고 그렇지 못하면 숯이 되는 것이다.

창조적으로 사는 것도 마찬가지이다. 사람은 살면서 수많은 창조의 순간들과 마주치게 된다. 밥을 먹거나 TV를 보거나 출퇴근을 하는 생활 속에서 탄소 분자와도 같은 창조의 원천들이 머릿속을 스쳐 지나가는 것이다.

중요한 것은, 그 모든 순간들에 대하여 대부분의 사람들은 상식과 관습의 잣대로 판단하고 '안 될 거야'라고 생각한다는 것이다.

그건 바보 같은 망상이야, 불가능해.
있어봤자 써지지도 않을 거야.
그냥 꾹 참고 쓰면 되는데 뭐 하러 난리를 치지?
하던 대로 하면 되는 건데, 피곤하게 바꾸지 말자.
바로 그 순간, 세상을 놀라게 할 천재적인 영감이 허무하게 사라져 버린다. 상식을 뛰어넘는 발상을 상식선에서 평가하니 당연히 이해가 되지 않는 것이다. 이 '안 될 거야'라는 한 마디의 말이 창조를 죽이고 아이디어를 죽인다. 탄소덩어리를 그대로 숯으로 주저앉게 하는 것이다.

탄소 덩어리를 다이아몬드로 만드는 말 — 그것은 'Why?'라는 사고방식이다. 모든 '안 될 거야'라는 말에 '왜?'라는 의문부호를 붙여 보는 것이다.

왜 내 생각이 바보 같은 망상이지?

왜 써보지도 않고 처음부터 쓸모가 없다는 거지?

왜 충분히 고쳐 쓸 수 있는데 꼭 참아야 하지?

왜 반드시 하던 방식을 지켜야 하지?

'왜 안 되지?' 라는 질문은 불가능의 벽을 허물고 사고의 활동 범위를 늘린다.

당신의 머릿속에서 금지 목록으로 분류되어 있는 수많은 것들은 사실 '옛날부터 그래 왔으니까' 라든가 '남들도 그러니까' 라는 아주 빈약하고 비합리적인 베일로 가려져 있는 것이다.

'왜?' 라는 질문으로 이런 속임수를 벗겨내고 생각을 자유롭게 하라. 그것은 창조의 시작이 될 것이다.

> **≫ 당신은 '왜' 라고 몇 번을 반문해 보는가?**
>
> **당신은 지금 타성에 빠져 있는 것은 아닌가?**

Success Point

▶ 아이디어 노트를 만들어라.

▶ 언제든지 아이디어가 떠오르면 즉시 기억하는 습관을 들여라.

▶ 사물을 반드시 정해진 용도 말고 다른 용도로 사용해 보라.

▶ 상식은 믿고 따라야 할 신념이 아니라 편하게 이용할 도구에 불과할 뿐이다.

▶ 어느 것이든 맹목적으로 믿고 따르지 마라.

▶ 생각의 유연성을 길러라.

내 상상을 자유롭게 그려 내는 나는
이미 한 사람의 예술가이다.
상상은 지식보다 더 중요하다.
지식은 한계가 있지만, 상상은 세계를 포괄한다.
나 자신과 내 사고방식에 관해 탐구할 때 내가 내린 결론은,
환상이라는 선물은 실질적 지식을 흡수하는
내 재능보다 나에게 더 의미 있다는 것이다.
— 알버트 아인슈타인

chapter

4

자신만의 가치를 귀하게 여겨라

'했다' 라는 말은 성취를 나타내고 '못할 거야' 라는 말은 후퇴를 나타내고 '아마도' 라는 말은 상실을 나타내고 '못해' 라는 말은 패배를 나타내고 '해 볼 거야' 라는 말은 늘 하지만 실제로는 그렇지 않음을 나타내고 '할 거야' 라는 말은 자신의 인생을 아름답게 하는 말이며 '할 수 있어' 라는 말은 자신의 인생을 한 단계 성숙시키는 말이다. 지금 당신의 입가에서 중얼거리는 말은 과연 어느 쪽인가?

— 작가 미상

지나친 과소평가는 병이다

가까이에 있는 누군가가 심각하게 보여질 정도로 잘 난 척을 하거나 상대방을 얕보는 것을 보면 사람들은 '너 자신을 알라'라고 하며 핀잔을 준다. 자기 자신을 지나치게 과대평가하지 말고 겸손해지라는 의미이다. 원래 이 말은 고대 그리스의 아폴론 신전 현관 기둥에 새겨진 말이었는데, 철학자 소크라테스가 '자신의 무지를 인정하라'라는 의미로 사용한 이후로 겸손함에 대한 명언이 되었다.

그러나 뒤집어 생각하면 '너 자신을 알라'라는 것은 과대평가의 경우뿐만 아니라 과소평가의 경우에도 쓸 수 있는 것이다. 오만에서 오는 무지도 문제지만, 과도한 자기비하 때문에 제대로 뜻을 펴지 못한다면 그것 또한 문제가 아닐 수 없다.

자신에 대한 과소평가는 현대인의 고질병이다. 옛날, 조상들이 갖고 있던 세계의 범위는 자신이 살고 있는 마을이 전부였다. 작은 마을이 그들의 세계였기 때문에 아무리 평범한 사람이라 하더라도 그 마을 안에서 차지하는 비중은 작을 수가 없었다. '방앗간 집 첫째 아들'이라 하면 곧이어 방앗간의 새 주인이 될 인물이었으며 '과수원집 막내 딸'이라 하면 만인의 연인으로 손색이 없는 으뜸 신부감이었다.

그러나 미디어와 교통이 발달하고 지구가 하나의 단위로 이어진 오늘날의 현대인은 자신과 똑같은 사람들이 지구상에 수십 수백 수천만 명이 있음을 알게 되었다.

같은 밥을 먹고 같은 옷을 입으며, 같은 일을 하면서 같은 모습의 삶을 사는 사람들을 보며, 현대인은 자신만의 가치를 발견하지 못한 채 '나는 평범하다'라는 관념을 갖게 된 것이다.

또한 마을사람 모두가 참여할 수 있었던 과거의 축제나 장터나 집단 놀이 형태에 비하여 지금의 TV와 각종 콘서트와 영화는 지극히 수동적이기 그지없다.

스스로 주체가 되어 함께 춤추며 놀았던 조상들과는 달리 현대인들은 가만히 앉아서 군것질을 하면서 '스타'라는 새로운 영웅들을 감상할 수 있을 뿐이다.

마지막으로 현대인은 자신이 하는 일에서부터 스스로를 과소평가하게 된다. 스스로 기른 쌀과 채소를, 자기 손으로 잡은 생선을, 목숨을 걸고 캐낸 석탄을 직접 만져 보고 눈으로 확인하며 '내가 무엇을 성취했다'는 것을 체감할 수 있었던 조상들과는 달리, 현대인은 조직 속에서 자신이 얼마만큼이 일을 맡고 있으며 자신의 일이 어떤 과정을 거쳐 어떤 효과를 내는지 알지 못한다. 거대한 조직에 비하여 현대인은 너무나도 작다.

때문에 현대인에게 있어서 '너 스스로를 알라'라는 격언은 겸손이 아니라 자기 발견과 자기애의 의미로 재해석되어야 한다. 이미 현대인은 충분히 과소평가되어 있으며, 오히려 자기의 가치를 발견함으로써 자신감을 기르고 자기 존중감을 고양시켜야 하는 것이다.

≫ 당신도 자신감을 상실한 현대인인가?

미래의 밝은 면만 보고 앞으로 나가라

10,000원은 반으로 접혀도 10,000원이다. 구겨져도 10,000원이다. 발로 밟아도 10,000원이다. 물에 젖어도 10,000원이다. 귀퉁이가 조금 찢어져도 역시 10,000원이다. 반으로 죽 찢어졌어도 도로 붙이기만 한다면 그대로 10,000원이다. 절반쯤 불타 없어졌어도 은행에 가져가면 도로 10,000원으로 바꿔 준다.

종종 실패한 사람들을 보면, 대부분 엄청난 자기 비하에 시달리고 있다는 것을 알 수 있다. 사업에 실패한 사람들은 '나는 세상에서 제일 능력 없는 놈이야' 라고 하며, 사랑에 실패한 사람들은 '이런 얼굴로 누굴 사랑할 수 있을까?' 라고 한다.

그러나 그런 말을 하는 사람들 중에 정말로 세상에서 제일 능력이 없다든가, 누구도 사랑할 수 없을 정도로 못생긴 사람은 아무도 없다. 그저 실패에 대한 절망감과 그로부터 도망치기 위해 스스로를 낮추는 것이다. '나는 어차피 못난 인간이야. 실패했다 해서 내가 잘못한 것은 없어' 라는 잠시 동안의 도피를 통하여 '나는 실패했다' 는 절망감을 만회해 보려는 것이다.

비탈길을 피하여 돌아가다 보면 결국에는 산을 오르는 것이 불가능하다. 마찬가지로 절망감을 피하기만 하면 그것을 극복하는 것도 불가능하다. '나는 실패했다' 라는 절망감을 '나는 원래 못났어' 라는 말로 피하다보면 결국 정말 못난 사람이 되고, 한 번 실패한 일은 다시 시도할 수 없을 정도로 되어 버린다.

구겨진 10,000원을 생각해 보라. 그것은 다시 평평하게 펴주기만 하면 그 가치를 하나도 잃지 않는다. 사람도 마찬가지로 역경에 처한다 하여서 그 능력과 자질이 변하는 것은 아니다.

실패는 역량이 모자란 것이 원인일 수도 있지만, 그저 운이 나빠서일 수도 있고, 일시적인 이유에 의한 것일 수도 있다. 시간이 지나면 자연히 호전될 수 있는 것이다. 때문에 처음 가졌던 자신감을 버리면 안 된다. 그것을 버린다는 것은 앞으로의 가능성을 모두 포기했다는 뜻이며, 그로 인하여 다가올지 모르는 성공까지 저버렸음을 의미하는 것이다.

> **≫ 만 원은 구겨져도 만 원이다.**
> **당신 역시 실패해도 당신 자신이다.**

마음먹은 대로 일은 진행된다

　　태평양에서 조업을 하고 돌아오던 참치 원양어선에서 선원 한 명이 실종되었다. 동료 선원들은 그를 찾아 배 안을 구석구석 살펴보았지만 끝내 그를 찾지 못했고, 결국 밤중에 갑판에 나왔다가 파도에 휩쓸린 것으로 결론짓고 수색을 중지했다. 그리고 사흘이 지나 원양어선은 목적지에 도착하였고, 선원들은 냉동고를 열어 참치를 꺼내기 시작하였다. 그런데 실종되었던 선원이 폐쇄되었던 냉동고 안에서 시체로 발견되었다. 그는 우연히 폐쇄된 냉동고에 갇히게 되었고 동료들은 설마 폐쇄된 냉동고에 누군가 들어갈 것이라는 생각을 전혀 하지 않아 미처 발견되지 않았던 것이다. 놀라운 것은 그 선원을 부검한 결과 동사의 흔적이 발견되었다는 점이다. 선원이 갇혀 있던 냉동고는 기계가 고장이 나서 냉동기능을 완전히 상실한 상태였고 전혀 온도가 내려가지 않았음에도 불구하고 그 선원은 냉동고에 갇혀 얼어 죽을 것이라는 두려움에 사로잡혀 정말로 얼어 죽어버린 것이다.

　　고장 난 냉동고에 갇힌 선원을 죽게 한 것은 사실 두려움이었다. '냉동고에 갇혔다'는 두려움은 이내 '나는 죽을 것이다'라는 생각을 낳았고 결국 전혀 춥지 않은 냉동고에서 동사해 버린 것이다. 과학적으로 그가 동사할 확률은 0퍼센트였지만 두려움에 못 이겨 생존에 실패할 것이라는 생각을 한 순간 그는 이미 죽어 있는 것이나 마찬가지였다.

'사물 자체에는 정淨도 부정不淨도 없고 모든 것은 마음에 달렸다' 는 불교의 가르침이 있다. 이것은 바로 원효대사가 당나라 유학길에 해골 물을 달게 마신 후 얻은 깨달음이다. 쉽게 풀이하자면, 사물 자체에 좋고 나쁨이 결정되어 있는 것이 아니라 그 사물을 대하는 인간의 마음이 느끼는 바에 따라 결정된다는 의미이다.

이 깨달음을 살짝 돌려 말하면 '마음먹은 그대로 일은 진행된다' 고 풀이할 수 있다. 일 자체에 실패와 성공이 주어지는 것이 아니라 그것을 행하는 사람이 어떤 마음가짐을 갖고 있느냐에 따라 성공과 실패가 갈라진다는 것이다.

성공과 실패를 나누는 요소에는 여러 가지가 있다. 노력, 기술, 지식, 아이디어, 노하우, 운 등 변수가 많아지면 많아질수록 그 일의 미래가 어떻게 될지 예상하는 것은 그만큼 어려워진다. 그러나 한 가지 확실하게 말할 수 있는 것은 어떤 경우에도 — 심지어 변수가 수천, 수만 가지가 존재한다 하더라도 — '실패'

의 두려움을 가지고 시작한 일은 반드시 실패한다는 점이다.

인간에게 두려움은 자연스러운 감정이다. 오히려 실패에 대한 두려움이 하나도 없다는 것이 비인간적이다. 그러나 두려움이 두려움에서 그치지 않고 '실패할 거야' 라는 잘못된 확신이 되어 버린다면 이미 실패의 길을 걷고 있다고 생각해야 한다.

마음 가는 길이 곧 미래의 길이다. 지금 어떤 생각을 갖고 있느냐에 따라 삶 자체가 성공이냐 실패냐로 갈릴 수도 있는 것이다.

≫ **지금 혹시 두려움에 사로 잡혀 있지는 않은가.**

자신감을 부르는 주문을 외워라

자신감 있는 생각은 자신감 있는 행동의 원천이다. 누구나 '자신감 있게 살자' 는 생각을 가지고 있다. 그들은 크고 활기에 찬 목소리, 당당한 행동, 밝고 맑은 웃음이 얼마나 중요한 것인지 모두 알고 있다. 그러나 실제로 크고 활기차게 말하고 당당하게 행동하며 밝고 맑게 웃는 사람은 몇 되지 않는다. 왜냐하면, 그들의 생각은 도중에서 주저 앉아버렸기 때문이다. 사람들의 머릿속에는 자신감을 방해하는 장애물이 있어서, 자신감 있는 생각이 행동으로 되는 것을 도중에 막아 버린다.

그런 행동을 했을 때 사람들이
나를 바라보면 창피하겠지.
굳이 이렇게 크게 인사할 필요는 없잖아.
아무도 이런 식으로 살아가지 않아.
공공장소에서 큰 소리로 웃는 것이 옳은 일일까?

이런 장애물들은 '마음의 관성'이라는 힘을 발휘한다. 관성이란 기존의 상태를 유지하려는 성질을 의미한다. 즉 마음의 관성이란 살아가던 그대로의 마음자세를 바꾸지 않으려는 성향이다. 아무리 굳게 다짐을 한다 하더라도 작심삼일이 되는 것은 익숙하지 않은 자신감보다 이제까지 '살던 대로 살아가자'는 관성의 힘이 강하기 때문이다.

관성의 힘을 이기는 방법은 의외로 간단하다. 바로 자신감 있는 생각이 행동으로 이어질 때까지 기다리지 말고 자신감 있는 행동부터 시작해 보는 것이다. 자신감 있는 행동이 습관화된다면 자신감은 저절로 생겨나기 마련이다.

1. Say | 크고 분명하게 말하라

어떤 책의 모든 문장이 말줄임표로 끝난다고 생각해 보라. 분명 당신은 그 책을 다 읽기도 전에 집어던지고 말 것이다. 책이 말하고자 하는 바를 정확하게 전달하지 못하니 짜증이 날 수밖에 없다. 사람 사이의 의사소통도 마찬가지이다. 말꼬리를 흐리거나 작고 분명하지 못한 목소리로 웅얼거리듯 말하면 듣는 사람은 당신에게 짜증을 낼 것이며 이런 상황에서 자신감 있게 주장을 전개하는 것은 불가능하다. 더욱이 자신이 없는 목소리로 전달된 정보는 아무리 내용이 좋아도 믿음직스럽게 느껴지지 않는다. 말하는 사람부터 자신이 없다는 것은 불확실한 정보이거나 근거가 약한 주장이라는 인상을 주기 때문이다.

2. Action | 튀어 보자

'튄다' 라는 것은 보는 시각에 따라서 자신감의 상징이 될 수도 있다. '나는 남들과 다르다. 내가 갖고 있는 개성은 떳떳하고 자랑할 만한 것이다. 나는 내 스스로에게 자신 있다. 남들의 이목은 상관하지 않겠다.' ― 튀는 행동은 이 모든 것을 말해주는 것이다. 그렇기 때문에 튀는 행동을 하게 되면 자연스럽게 자신감을 가지게 된다. 더욱이 남들의 이목을 집중시킨 뒤에 슬그머니 뒤로 빠지는 것만큼 창피한 것은 없다. '기장지무既張之舞' 라 하여 '한 번 시작한 춤을 도중에 그만 둘 수 없다' 는 뜻의 사자성어는 이런 경우를 두고 하는 말이다. 튀는 행동은 자신감 있는 행동이 끝까지 지속되게 하는 효과도 가지고 있는 것이다.

3. Face | 웃어라

웃음은 가장 효과적인 최면제이다. 웃음은 고통을 잊어버리게 하고 긴장을 풀어주기도 한다. 웃음은 어려운 상황에서도 여유를 갖게 한다. 웃음은 주위 사람들의 긴장도 해소시켜 준다. 심지어 웃음은 갈등관계에 있는 사람마저도 적대감을 버리게 한다. '웃는 얼굴에 침 못 뱉는다' 라는 이 평범한 말은 이러한 웃음의 효과를 극명하게 말해주는 것이다. 아무리 애를 써 봐도 자신감이 생기지 않고 사방이 적으로 둘러싸인 것 같이 느낄 때 웃음은 최후의 든든한 무기가 되어 줄 것이다.

실패했다고 생각될 때 웃는 습관을 만들면 그 즉시 새로운 것에 도전을 할 수 있는 용기가 생긴다.

4. Eye | 눈을 맞추어라

옛날 평민은 왕이나 귀족과 자연스럽게 눈을 맞출 수가 없었다. 눈을 맞춘다는 것은 대등한 입장에서 대한다는 의미가 있기 때문이다. 눈을 바라보며 말하는 것은 상대방에게 주눅이 들지 않고 사람에 대한 두려움을 버리게 하는 가장 좋은 방법이다.

또한 눈을 맞추는 것은 신뢰를 얻는 데 있어서도 매우 필수적이다. 눈을 맞추지 못하고 시선을 피하는 것은 뭔가 떳떳하지 못하고 숨길 것이 있다는 뜻이다. 그런 사람의 말은 아무도 믿어주지 않는다. 당당하게 눈을 맞추는 것은 나 스스로의 자신감뿐만 아니라 상대방으로서도 신뢰를 갖게 하는 이중의 효과를 갖고 있는 것이다.

이 네 가지 행동을 실행에 옮기는 데 있어서 중요한 것은 절대 행동의 이유를 설명하려고 애쓰지 말라는 것이다. '내가 왜 튀어야 하지?', '내가 웃음으로써 뭐가 바뀌는 거지?' 하는 식으로 행동의 이유를 생각하다 보면 '그냥 살아가던 대로 살자'라는 관성이 끼어들게 된다. 일단 자신감 있는 행동을 습관화하라. 그렇다면 자연스럽게 관성은 사라진다. 그리고 그 자리에 자신감이 들어서게 되는 것이다.

> **≫ 먼저 행동으로 자신감을 만들어 가라.**

Success Point

▶ 심각하게 고민이 되는 일이라면 때로 먼저 행동함으로써 문제가 해결되기도 한다.

▶ 낙천적으로 살아가라. 비관적인 생각에서는 절대로 자신감이 나올 수 없다.

▶ 적절한 여가와 휴식으로 즐거운 삶을 살아라. 기분이 좋아야 자신감을 가질 수 있다.

▶ 자만과 과대평가를 조심하라. 자신감을 가져야 한다는 것이 매사 오만한 태도를 갖는다든가, 자기 능력을 과신하는 것을 의미하지는 않는다.

▶ 자신감을 곧 행동으로 표출하라. 행동이 따르지 않는 자신감은 자기기만에 불과하다.

깊은 의미를 가지고 있는 목표에 의해, 실현되어야 할 꿈에 의해,
표현되어야 할 순수한 사랑에 의해 동기가 유발될 때,
그 때 우리는 진정으로 인생을 사는 것이다.
— 그렉 앤더슨

5

어떤 일에서든 프로페셔널리스트가 되어라

어떤 사람에게 환경미화원이라는 이름이 붙여지면, 그는 미켈란젤로가 그림을 그렸던 것처럼, 베토벤이 작곡을 했었던 것처럼, 그리고 셰익스피어가 시를 썼던 것처럼 마땅히 거리를 쓸어야 한다. 그는 거리를 잘 쓸어서 하늘과 땅에 있는 모든 천사들이 멈춰 서서 '여기에 자신의 일을 정말 잘 했던 위대한 환경미화원이 살았다' 라고 말할 정도가 되어야 한다.

― 마틴 루터 킹 2세

내 것으로 만들어라

　　고대 로마 제국 전성기의 농업 생산 방식은 '라티푼디움'이라 부르는 노예제 대토지소유제도에 기반하고 있었다. 이 제도는 귀족이 소유한 넓은 토지를 노예들이 경작하게 하는 것이었다. 그런데 제국 말기에 이르러 이 라티푼디움의 생산력은 심각하게 저하하기 시작하였다. 노예들의 숫자가 늘어가자 이를 감독하고 관리하는 데에 한계가 온 것이었다. 라티푼디움의 생산력 저하는 제국의 경제 기반을 뒤흔드는 것이었기 때문에 이에 대한 개선이 절실히 요구되었다.

　　이 문제를 해결한 것은 위대한 황제라 불리는 콘스탄티누스 대제이다. 콘스탄티누스 대제의 해결책은 라티푼디움을 해체하고 그 땅을 노예들에게 나누어 준 뒤 소작을 시키는 것이었다.

라티푼디움에 소속되어 있던 노예들은 자유의 몸이 되었으며 동시에 소작지의 산물에 대한 소유권을 갖게 되었다. 즉 일정분의 소작료만 내면 그 나머지 산물은 자기 것이 되는 것이었다.

'콜로나투스'라는 이름의 이 새로운 제도가 도입되자 떨어졌던 생산력은 다시 무서운 속도로 회복되었다. 농지가 '자기 것'이 되자 소작인들은 노예 시절에 비하여 몇 배나 더 성실히 일하였던 것이다. 후일 콜로나투스 제도는 발전을 거듭하여 중세 시대의 농노 제도를 탄생시켰다.

'내 주인의 농장'이라면 노예들의 목표에는 상한선이 그어지게 된다. 더 열심히 일해 봤자 돌아오는 것은 터무니없으니 땅주인이 만족할 정도로만 하면 되는 것이다. 그러나 '내 농장'이라면 소작인들의 목표는 그야말로 무한을 향하게 된다. 어느 정도의 소작료를 제외하면 모두 자기 것이 되는 만큼 많은 수확을 할수록 돌아오는 것도 많아지기 때문이다.

'남의 것'으로 일하는 사람은 결코 발전할 수 없다. 일단 남의 것이니까 공을 들여서 발전을 시켜 줄 동기가 없다. 설령 발전을 지향한다 하더라도 남의 것이라서 자기 마음대로 변화를 시도할 수가 없다. 마지막으로 실패에 대한 책임을 누가 질 것인가가 분명치 않아 함부로 일을 진행시킬 수가 없게 된다.

남의 것으로 일하는 사람은 현상유지를 목표로 할 수밖에 없는 것이다. 오직 '내 것'으로 일하는 사람만이 발전하겠다는 의지를 가지고 자유롭게 변화를 모색하며 실패하더라도 그에 대한 책임을 질 수 있는 것이다. 이러한 '내 것'과 '남의 것'의 차이는 때때로 큰 차이를 불러오기도 한다.

굴지의 대기업 K그룹의 특별 채용 시험에서 최종 후보로 두 명의 지원자가 선발되었다. 지원자 A는 훤칠한 외모에 명문대를 졸업하고 각종 자격증을 보유한, 어떤 방면에서도 빠지지 않는 엘리트 인재였다. 지원자 B 역시 우수한 인재이긴 하였으나, 그는 A만큼 좋은 대학을 나오지는 않았고 자격증 역시 그 수가 조금 부족했다. 인사 관계자 모두 A가 합격할 것임을 의심하지 않았다. 그러나 최종면접 후 뜻밖에도 특별채용된 것은 B였다. 이에 의구심을 가진 한 고위 관리가 인사 담당자를 불러다가 왜 A가 아닌 B가 합격하게 되었는지 그 이유를 물어 보았다. 인사 담당자의 대답은 이러하였다.

"A군은 분명 훌륭한 인재였습니다. 그러나 그는 최종면접 때 왜 우리 회사에 지원하게 되었냐는 질문에 '세계를 이끌어 나가는 대기업에 몸담고 일해 보는 것도 괜찮을 것 같다'고 대답했습니다. '해도 괜찮다' 라는 표현은 '안 해도 상관없다' 라는 전제를 담고 있는 것입니다. 그러니까 A군은 무의식중에 '이 회사 아니면 다른 데에서 일하면 된다' 라는 생각을 품고 있었던 겁니다. 반면 B군은 같은 질문에 'K그룹에 입사하여 세계를 무대로 일해보고 싶습니다' 라고 대답하였습니다. B군은 반드시 우리 회사에서 일해 보기를 소망하고 있었던 것입니다. 그래서 비록 그가 서류 전형 점수에서는 A군에 뒤졌지만, 주인의식과 열정을 높이 사 B군을 선발하게 되었습니다."

일을 '내 것' 이라 생각하는 그 자체가 대단한 능력이다. 그것은 부족한 학력이나 경력을 보완하고도 남을 만큼의 열정과 의지를 준다. 반대로 일을 '남의 것' 이라고 생각하는 사람은 아무리 훌륭하고 뛰어난 능력을 갖고 있어도 그 능력의 반밖에 발휘하지 못한다. 남의 일에 제 능력을 100퍼센트 발휘할 이유가 없다.

일을 '내 것' 으로 만들어라. 그것은 능력의 120퍼센트를 발휘할 수 있게 해 준다. '내 것' 을 하는 사람만이 발전의 주인공이 될 수 있는 것이다.

>> **당신이 하고 있는 일은 당신의 것인가, 남의 것인가?**

오로지 정상만을 바라 보아라

세상에는 두 종류의 게임이 존재하고 있다. 한 가지는 2등이 있는 게임이다. 이 게임에서는 2등에게도 포상과 명예가 주어진다. 은메달을 수여하는 올림픽을 제외하면 2등을 인정하는 게임은 많지 않다. 나머지 대부분 게임에는 2등이 없다. 오로지 승리한 1등과 그렇지 못한 패배자들이 있을 뿐이다. 포커가 그렇고 화투가 그렇다. 그리고 세계의 경제가 그렇다.

세계 스포츠 용품 업계 2위인 아디다스가 3위인 리복을 전격 합병해 부동의 1위 나이키에 도전장을 냈다. 아디다스는 리복의 주식을 총 38억 달러에 사들여 내년 상반기까지 합병을 마무리할 계획이라고 2005년 8월 4일에 공식 발표했다. 이에 따라 연간 1450억 달러 규모의 전 세계 스포츠 의류·신발 시장에서는 나이키와 아디다스 두 업체 간 경쟁이 한층 가열될 전망이다. 아디다스와 리복의 매출 규모와 시장점유율을 단순 합산하면 각각 110억 1천만 달러와 26퍼센트로, 1위 나이키의 137억 달러와 33퍼센트에 매우 근접하게 된다.

아디다스가 리복을 인수하기 위해 지불한 프리미엄은 대략 40

퍼센트에 가깝다고 한다. 주식 가치의 1.4배에 해당하는 돈을 주었다는 뜻이다. 1위 나이키를 제치고 세계 시장을 장악하기 위해서라면 비싼 합병의 대가도 불사하겠다는 것이다. 그러나 두 회사가 합병을 한다 하여도 1위 나이키보다 무려 7퍼센트가 모자란 26퍼센트의 시장 점유율을 가진다니 나이키가 얼마나 확고한 부동의 1위였는지 알 수 있겠다.

1등만 존재하는 승자의 시장은 그만큼 경쟁을 치열하고 가혹한 것으로 만든다. 가격이나 기술이나 디자인 등 어느 한 곳에서라도 부족하면 시장을 지배하는 1위가 될 수 없다. 단순히 '많이 팔려서' 1위라면 유행이나 계절의 변화에도 금방 순위변동이 있게 되고 결코 시장을 지배할 수 없게 된다.

그러나 가격도 싸고 기술 수준도 최상위이며 디자인도 흠잡을 데 없는 1위라면 유행이나 계절 같은 변수에도 끄떡없는 시장 지배력을 갖게 된다. 어느 것에도 뒤지지 않다 보니 시간이 지나면 자연스럽게 2, 3위를 밀어내고 시장을 독점하게 되는 것이다. 그렇기 때문에 2, 3위는 1위를 탈환하기 위해 아득바득 애를 쓴다.

아디다스가 40퍼센트의 프리미엄을 감수하고 리복을 합병한 것도 그러한 강수를 두지 않으면 나이키를 추월할 수 없다는 위기의식 때문인 것이다.

1등, 그것도 세계의 1등이 아니라면 성공할 수 없다. '적당히 일하고 적당히 챙기자' 라는 식의 사고는 이제 구태의연하고 낡은 것이다. 이제는 무조건 1등을 지향하고 뛰는 열정과 집념이 있어야 한다. 그것은 기본에 더하여 잘해 보겠다는 플러스 알파의 덕목이 아니라 그것이 없으면 기본조차 채워지지 않는, 필수 구비 조건인 것이다.

지금 현실이 어떻든 간에 세계 최고를 지향하라. 설령 도중에 도저히 힘이 들어 멈춘다고 하여도 세계 최고를 위하여 열심히 뛰어 온 사람은 국내 최고나 적어도 지역 최고는 될 수가 있다. 그러나 처음부터 적당주의에 빠져 걸어가는 사람은 늘 제자리걸음뿐이다.

1등을 향한 집념과 열정만이 2등을 인정하지 않는 '새로운 세계 경제' 라는 게임의 법칙인 것이다.

≫ 당신은 세계 최고를 지향하고 있는가?

자신의 일을 즐겨라

흔히들 프로와 아마추어의 차이를 말할 때 '프로는 먹고 살기 위해, 아마추어는 놀고 즐기기 위해'라고 한다. 그러나 이 말은 틀린 말이다. 아마추어들의 목적이 여가 선용이라는 것은 맞는 말이지만, 프로들에게 '먹고 살기 위해' 프로가 되었다고 하면 그것은 대단한 모독이 되는 것이다.

먹고 산다는 것은 인간의 가장 기본적인 생존의 욕구를 해소한다는 것이다. 그것은 인간적이라 부를 수도 없는 동물의 본능과도 동일한 욕구이다. 때문에 먹고 사는 문제를 해결한다는 것에는 그 어떤 '멋'도 찾아볼 수 없다. 그것은 단지 죽지 않으려고 하는 몸부림이며 생명체라면 필수적으로 갖고 있는 원시적인 욕구이다.

때문에 프로들에게 '먹고 살기 위해' 프로가 되었다는 말은 모독이 되는 것이다. 그들은 오로지 그 일에 전 인생을 걸고 그 일만을 생각하며 사는 것인데, 그것을 '먹고 살기 위해'서라고 한다면 그것은 '당신은 동물이오'라고 말하는 것과 똑같기 때문이다.

그러나 그것은 '먹고 살기 위해'가 아니라 그 일이 정말 좋아서 여가 수준이 아니라 일생을 바칠 만한 것으로 생각하고 있으며 돈을 버는 것은 이차적인 고려의 대상인 것이다.

공자의 말 중에 '知之者 不如好之者 好之者 不如樂之者 지지자 불여호지자 호지자 불여락지자'라는 말이 있다. '아는 사람은 좋아하는 사람만 못하고, 좋아하는 사람은 즐기는 사람만 못하다'라는 뜻이다. 이 말대로라면 아마추어는 좋아하는 사람, 프로는 즐기는 사람 정도가 될 것이다. 어쨌거나 프로가 '먹고 살기 위해' 프로의 길을 택한 것이 아니라는 것은 자명하다. 일을 즐기다보니 돈을 벌고 명성을 얻을 정도로 잘하게 되었을 뿐, 처음부터 돈이 목적이 아니라는 것이다.

우리의 일상생활 역시 마찬가지이다. 흔히 현대인의 직업관에 대해 '프로가 되라'고 한다. 그러나 어떻게 프로가 되는지 말해주지는 않는다.

프로가 되고 싶은가? 그렇다면 자기 일을 즐겨라. 물론 일을 '즐길' 정도로 좋아하는 것이 쉬운 일은 아니다. 그러나 일에서 즐거움을 느끼며 아무것도 곁눈질하지 말고 그 일에만 매달려

보라. 그러면 어느새 그 일의 프로가 되어, 그 일만으로도 돈을 벌고 명성을 얻는, 진짜 '프로'가 되어 있을 것이다.

프로의 길, 둘째 |

훌륭하게, 더 훌륭하게, 최고로 훌륭하게

프로와 보통 사람의 차이 중의 하나는 '완벽'이라는 것에 대한 사고방식이다. 프로가 아닌 사람은 맡은 분야의 일에 '문제가 없어지는 것'을 완벽이라 생각한다.

보통 사람이 한 끼의 식사를 만든다면 그에게 있어 '완벽한 식사'는 영양상 불균형하지 않고 먹는 사람이 모든 메뉴를 맛있게 먹을 수 있는 식사이다. 맛과 영양에 문제가 없으니 완벽하다고 생각하는 것이다. 그러나 프로에게 있어 '완벽'은 문제가 없는 수준이 아니라 '더 좋아질 데가 없는 것'을 의미한다. 프로가 만든 한 끼의 식사는 영양과 맛을 만족시키는 데에 그치지 않는다. 프로는 음식을 꾸미는 코디네이팅, 음식을 먹는 순서, 음식을 먹는 장소, 식사간의 배경음악까지 고려한다. 그리고 더 이상 나아질 곳이 없을 때에 비로소 '완벽' 하다고 생각한다.

때문에 프로에게 있어 '완벽' 하기란 정말 어려운 것이다. 보통 사람이 벌써 손을 툭툭 털고 일어났을 때 프로는 아직 부족함을 느끼며 보통 사람이 생각하기에는 전혀 문제가 없어 보이는 여기저기를 손을 본다. 그러나 그렇게 하여 탄생한 프로의 작품은 보통 사람으로서는 꿈꿀 수 없는 명품이요, 명기가 된다. 구두 한 켤레에 30만 원을 호가하는 페라가모 구두도 이런 프로 정신에서 탄생한 것이다.

세계적인 명품 구두 브랜드인 페라가모*Ferragamo*의 창시자 살바토레 페라가모는 1898년 이탈리아 나폴리 근교의 보니토라는 작은 마을에서 태어났다. 그는 평범한 구두 모양새를 버리고 최고의 디자인을 향한 연구를 계속하여 40대 초반에는 이미 1만 종류에 달하는 새로운 디자인을 선보이며 혁신적이고 창조적인 디자인을 위해 끊임없이 노력한 공적을 인정받아 1947년에는 패션계의 오스카 상이라 불리우는 '니만 마커스 상'을 수상하였다. 뿐만 아니라 페라가모는 신발로서의 기능에서도 최고를 지향하여 미국의 명문대학 UCLA에서 해부학을 직접 전공함으로써 발가락이 자유롭게 움직이며 보행할 때 발이 앞으로 밀리는 현상을 방지하는 기능을 도입하였다. 또한 최종 과정에서는 무려 7일간에 걸쳐 오븐에 구두를 구워 구두의 모양을 견고하게 보존한다.

디자인을 보강하고 편리함을 개선하며 견고함까지 만족시키면서 끊임없이 발전을 지향하는 페라가모의 프로의식이 아니었다면, 지금쯤 페라가모는 결코 명품 브랜드가 될 수 없었을지도 모른다. 더 이상 발전할 수가 없을 정도의 완벽을 지향함으로써 보통 구두의 네다섯 배의 가치를 지니게 된 것이다.

> **≫ 당신에게 있어 '완벽'은 어떤 것을 의미하는가?**

Success Point

▶ 당신이 하고 있는 업무의 전반을 파악하라. 그것이
   무엇이고, 무엇을 위한 것이며 그것이 성공하기 위해
   서는 어떤 것을 해야 하는가 늘 점검하라.

▶ 매일 아침잠에서 깰 때마다 '나는 프로다'라고 생각하
   며 마인드 컨트롤을 한다.

▶ 언제나 명품을 만든다는 생각으로 일하라.

▶ 음악을 튼다든가 책상 위에 화분을 놓아둔다든가, 과
   감하게 서류와 컴퓨터 등의 위치를 바꾸는 등 환경이
   허락하는 한, 일을 즐겁게 만드는 방법을 적극적으로
   이용하라.

▶ 일을 하며 웃는 습관을 가져라.

어떤 사람이 꿈을 향해 자신을 가지고 전진한다면, 그리고 상상해 왔던 삶을
이어간다면, 그는 예상치 못한 성공과 만나게 될 것이다.
— 헨리 데이비드 소로

chapter

6

삶의 덕을 갖추어라

"아무도 모르다니요. 하늘이 알고 땅이 알고 그대가 알고 내가 압니다."

— 양진, 고사성어 '사지四知'

빗나간 화살은 과녁을 뚫지 못한다

　　시대의 빠른 변화에 뒤쳐질지 모른다는 불안감과 남보다 빨리 달려서 더 잘 살아보겠다는 열정이 합쳐져 모두들 바쁘게 뛰어다니고 있다.

　　그러나 그럴수록 잊지 말아야 할 중요한 점이 있다. '과연 제대로 된 방향으로 뛰고 있는 것인가?' 라는 것이다.

　　빗나간 화살은 아무리 빠르고 거세게 날아가더라도 과녁을 뚫지 못하고 엉뚱한 곳에 꽂히게 된다. 오히려 빠르고 거세게 날아간 화살이 엉뚱한 사람을 맞혀버린다면 차라리 힘없이 날아간 것만 못하게 된다.

현대인의 인생을 활쏘기에 비유하면 수많은 과녁이 서 있는 곳으로 힘껏 시위를 당겨 활을 쏘는 것과 같다.

신분의 제약이 사라지고 다양한 가치를 인정하게 된 사회에서 현대인은 무수한 가치 중에서 자신이 추구하는 바를 선택하게 된다. 추구할 수 있는 가치가 많아졌다는 것은 그만큼 인생의 활쏘기에서 겨냥할 수 있는 과녁이 많아졌다는 것과 같다. 그것은 재산일 수도 있고 학문일 수도 있으며 지위와 권력일 수도 있다. 중요한 것은 추구해서는 안 될 가치 역시 많아졌다는 것이다. '부패된 권력'이나 '무질서한 쾌락', '범죄를 통한 부유함'과 같은 과녁이 올바른 가치의 과녁 사이에 섞여 있는 것과 같다.

더욱이 현대인의 삶은 속도가 빠르다. 이것은 어떤 가치를 추구했을 때 그것을 이루는 데에 더 적은 시간이 걸린다는 것을 의미한다. 물론 좋은 가치를 지향한다면 그것을 빠르게 현실화하고 삶의 보람을 찾을 수 있겠으나 한편으로 잘못된 가치를 겨냥하게 된다면 그 인생은 한순간에 악덕에 물들어 버리는 것이다. 마치 힘껏 시위를 당겨 빠르게 화살을 쏘는 것처럼 현대인의 삶은 한 번 추구한 가치를 향해 쏜살같이 돌진하게 된다. 때문에 처음부터 올바른 과녁을 겨냥하는 것은 이제 엄청나게 중요한 일이 된 것이다.

그렇다면 어떻게 해야 잘못된 과녁을 쏘게 되지 않을까?

사람마다 자신의 인생 속에서 추구하는 바가 모두 다르다. 그러나 누구도 벗어나서는 안 될 하나의 규칙이 있다. 그것은 세상에서 도덕성을 지키는 것이다.

아무리 멋진 목표라 하더라도 그것이 비도덕적인 것이어서는 결코 인간의 궁극적인 생의 지향점인 행복에 가까워질 수 없다.

누군가는 '사는 데에도 정신이 없는데 도덕이 무슨 소리냐' 고 할지도 모른다. 그러나 이미 시대의 흐름은 도덕성이 갖추어지지 못한 것들에 대해 가차 없이 처벌과 퇴출의 칼을 내려치고 있다. 그것은 정보화로 인한 개방화와 투명화, 민주화의 진전, 소비자 중심주의의 발전 등 도덕 외적인 변화에 의하여 주도되고 있다. 이제 조직 내의 의사 결정은 몇몇의 고위 인사 간의 공론이 아니라 대규모 회의와 토론에 의하여 이루어지고 있다.

부정부패를 저지른 정치인은 도저히 두 발 뻗고 잘 수 없을 정도로 재산 공개를 하고 유권자들의 감시도 날카로워졌다. 소비자들은 더 이상 광고와 포장에 휘둘리지 않고 꼼꼼하게 품질과 디자인을, 고객서비스를 따지며 결함에 대해서는 주저 없이 불평을 늘어놓고 단체행동도 서슴지 않는다. 굳이 형사 처벌을 받는 범죄까지 논하지 않아도 '도덕 결여 = 실패'의 공식이 성립되는 것을 증명하는 것은 어렵지 않다.

도덕성은 더 이상 고리타분한 옛날이야기가 아니다. 그것은 이제 성공과 행복을 위해 필요한 조건이다.

비도덕은 인생의 탑을 쌓아가는 데 있어서 작은 균열과도 같은 것이다. 설령 그것이 감춰져 보이지 않더라도 나중에는 탑 전체로 퍼져 결국 탑을 무너뜨리게 된다.

튼튼하고 높은 탑을 쌓으려면 비도덕을 저지르지 말아야 하는 것이다.

> **≫ 도덕은 고리타분한 옛날이야기가 아니다.**

솔직한 사람이 성공한다 | 정직

1972년 6월 오전 2시 반, 미국 워싱턴 워터게이트 호텔 민주당

전국위원회 사무실에 도청장치를 설치하려던 괴한 다섯 명이 체포되었다. 〈워싱턴포스트〉지의 기자 밥 우드워드와 칼 번스타인은 익명의 제보에 따라 이 사건을 추적, 당시 대통령이었던 리처드 닉슨이 도청을 지시하였음을 밝혀내었다. 정계는 즉시 도청사건의 배후와 백악관의 은폐조작 의혹으로 달아올랐고, 결백을 주장하던 대통령 닉슨은 결국 무마공작에 나섰던 사실이 폭로됨에 따라 1974년 3월 의회의 탄핵결의로 대통령직을 사임하게 되었다. 그리고 같은 해 8월 닉슨은 워터게이트 사건의 은폐에 관여했으며 수사 범위를 축소하라는 지시를 내렸음을 자백하였다.

전문가들의 분석에 따르면 워터게이트 사건 당시 닉슨을 사퇴하게 한 것은 도청 지시 자체가 아니라 그것을 은폐하려고 했다는 것을 부인한 그의 거짓 때문이었다고 한다.

국민들은 도청사건에 대해서는 치열한 당쟁 속에서 발생한 사소한 사건이라고 생각한 반면 대통령의 거짓말에 대해서는 민감하게 반응했다는 것이다.

거짓말은 거짓이 탄로나기 어렵다는 전제를 기반으로 한다. 거짓이 탄로나지만 않는다면 정직한 것보다 더 큰 이익을 얻기 때문에 사람들은 거짓말을 하는 것이다. 그러나 과학의 발전과 경쟁의 심화는 이러한 거짓말의 메리트를 없애 버린다.

과학의 발전은 참과 거짓의 구분을 더욱 더 쉽고 명확하게 만들었다. 범죄 현장에 떨어진 머리카락 한 올로도 진범이 누구인지 가릴 수 있으며 컴퓨터에 의한 영상과 음성 분석은 불분명한 과거의 기록에서 감추어졌던 진실을 들추어낸다. 과학이 발달할수록 거짓을 은폐하기가 더 어려워지는 것이다.

한편으로 경쟁은 진실을 은폐하여 얻는 이득 자체를 소멸시켜 버린다. 경쟁이 심화될수록 기업이든 개인이든 각 경제 주체는 자신의 역량과 장단점에 대해 정확하게 알고 있어야 하며 그것을 진실하게 공개해야 한다.

시장은 제품의 성능, 노동력의 질, 서비스의 만족도에 대하여 빠르고 정확하게 그 실체를 밝혀버린다. 과대광고와 화려한 포장만으로 시장에 뛰어들었다가는 순식간에 퇴출당한다. 거짓이 더 이상 통하지 않는, 오로지 품질과 능률과 비용만의 진검승부인 것이다.

눈속임이 통하지 않는 시대에 정직하지 못하다는 것은 아무 짝에도 쓸모없는 패를 쥐고 있는 것과 같다. 거짓으로 얻을 수 있는 것이 하나도 없으면서 오히려 '진실하지 못하다'라는 이미지상의 손실을 입는 것이기 때문이다.

오로지 정직하게 역량을 키우는 자만이 성공한다. 과대포장과 허장성세로 얻을 수 있는 것은 하나도 없다.

> ≫ **당신은 정말로 진실한가?**

잘 익은 벼는 고개를 숙인다 | 겸손

현대 물리학의 아버지 아인슈타인이 어느 날 학생들로부터 이런 질문을 받았다.

"선생님은 이미 그렇게 해박한 지식을 가지고 계신데 어째서 배움을 멈추지 않으십니까?"

아인슈타인이 말했다.

"이미 알고 있는 지식이 차지하는 부분을 원이라고 하면 원 밖은 모르는 부분이 됩니다. 원이 커지면 원의 둘레도 점점 늘어나 접촉할 수 있는 미지의 부분이 더 많아지게 됩니다.

지금 저의 원은 여러분들 것보다 커서 제가 접촉한 미지의 부분이 여러분보다 많아요. 모르는 게 더 많다고 할 수 있지요. 이런데 어찌 게으름을 피울 수 있겠습니까?"

진정 무식한 사람은 자신이 정말로 무식한 줄 모른다. 자신이 알고 있는 것 외의 지식이 더 있다는 것 자체를 모르기 때문이다. 오히려 지식에 대한 갈망과 겸손은 많이 아는 사람일수록 크다. 아인슈타인이 말한 것처럼 아는 것이 많아질수록 아직 습득하지 못한 지식의 존재에 대하여 더 많이 알아가기 때문이다.

겸손은 참는 것이 아니다. 그것은 '내가 이만큼 아니까 덜 아는 사람 앞에서는 좀 모르는 척 해야지' 라든가 '내 정도의 지위를 가지고 있으면 좀 힘없는 척을 해야 사람들에게 멋지다는 말을 듣지' 와 같이 억지로 되지 않는다. 억지로 참는 것은 겸손이 아니라 가식이다. 그리고 그것은 나중에 결국 더 오만한 형태로 표출되게 된다.

진정한 겸손은 자연스럽게 배어나오게 된다. 지식을 많이 가진 사람은 자신이 모르는 지식의 존재를 알기 때문에 겸손하게 된다. 재산을 많이 가진 사람은 자신보다 더 많은 부를 가진 사람이 있다는 사실을 알기 때문에 자랑하지 않는다. 높은 지위에 있는 사람은 최고지위자의 존재를 알기 때문에 행동을 조심하게 된다.

겸손하지 못하고 자만하거나 자랑을 늘어놓는 사람은 '나는 못난 사람입니다'라고 말하는 것과 마찬가지이며 반대로 겸손함은 능력 있는 사람의 특징이다.

자신이 갖고 있는 것이 지식이든 재산이든 지위이든 간에 그것에 대해 겸손함을 보여 준다면 상대방은 자연히 당신의 능력에 대해 감탄할 것이다.

제대로 익은 벼는 고개를 숙인다. 익었으니 고개를 숙일 수밖에 없는 것이다. 마찬가지로 겸손은 능력을 감추는 것이 아니라 능력이 있음에서 나오는 자연스러운 태도이다.

능력 있는 사람은 진정으로 겸손한 것이다.

>> **당신은 겸손한가? 그것은 혹시 가식이 아닌가?**

'노블리스 오블리제 _Noblesse Oblige_' 라는 말이 한때 우리 사회의 화두가 된 적이 있다. 사회의 상류층일수록 봉사 정신을 발휘하여 솔선수범해야 한다는 것이다.

정치인의 부정부패, 부유층의 과소비, 고위층 자제들의 군역 면탈 등 너무나도 못난 모습을 보여 왔던 대한민국의 상류층에게 던지는 따끔한 직언이었다.

그러나 이런 '노블리스 오블리제' 의 열풍 속에서 심심찮게 발견되는 모습은 '나는 상류층이 아니니까' 라는 회피의식이었다. '나는 상류층이 아니다. 그러니까 봉사 같은 건 나와는 거리가 멀다' 라는 것이었다.

있으면서 베풀지 않는 상류층도 문제지만 '나는 상류층이 아니니 베풀 이유가 없다' 라는 의식 역시 큰 문제이다. 그것은 봉사의 본질 자체를 왜곡시켜버리기 때문이다.

봉사는 뭔가가 남아서 그 잉여물로 하는 것이 아니다. 국어사전에는 '국가나 사회 또는 남을 위하여 자신을 돌보지 아니하고 힘을 바쳐 애씀'이라고 설명되어 있다. 나는 무엇을 갖고 있는 가, 내가 갖고 있는 것 중에 남을 줘도 아깝지 않은 것은 무엇인 가를 잰 뒤에 툭 던지는 것은 봉사가 아니라 거지의 동냥에 적선 을 하는 것이다. 내가 가진 것과는 상관없이 '도와야겠다'라는 생각이 들면 무조건 실행으로 옮기는 것이 참 봉사이다.

'나는 상류층이 아니다'라는 말로 베풀지 않음에 면죄부를 얻 으려는 사람은 봉사의 참 의미를 모르는 사람이다. 그는 오로지 동냥과 적선의 관계만 아는 사람이다. 기본적인 사고방식이 귀 족의 봉사를 이해하지 못하고 오로지 거지의 동냥에 몇 푼을 주 어야 하느냐는 수준에 머물러 있다고 보면 된다.

매출액이 수십조 원에 달하는 기업의 총수나 월수입이 몇 억 대에 달하는 유명 인사들이 귀족이 아니다. 그들은 단지 부자일 뿐이다.

우리 사회의 진정한 귀족은 힘겹게 고물을 주워 팔고 김밥 장 사를 해 가며 모은 거액의 돈을 불우이웃돕기나 장학재단에 기 부한 어르신들, 탑골공원에서 오갈 데 없는 노인들에게 따뜻한 한끼의 밥을 대접하는 자원봉사자들, 매달 고아원을 방문하여 머리를 깎아주고 함께 놀아주는 청년들이다. 그들이야말로 '귀 족', 즉 '귀한 사람들'이라 불릴 자격이 있는 것이다.

당장 오늘부터 봉사를 시작하라. 그럼 당신은 귀족이 될 것이다. 당신이 아무것도 가지지 않더라도 상관없다.

'귀족'이라는 말의 뜻은 '귀한 무리'라는 의미이지 부유하다는 의미가 아니다. 당신은 봉사하는 것으로 부유하지 않고 지위가 높지 않더라도 귀족이 될 수 있다. 지금 이 순간부터 봉사하라.

> **》당신도 귀족이 될 수 있다.**

Success Point

▶ 종교를 가져라. 그것은 도덕이 무너지는 것을 막아 준다.

▶ 집과 직장의 눈에 잘 띄는 곳에 도덕적인 격언을 메모하여 붙여 놓고 늘 마음속에 되새겨라.

▶ 거짓말을 하고 싶을 때면 '누군가 나를 보고 있다'라고 생각하라.

▶ 당신의 학력, 재산, 지위, 능력이 당신의 머리 위에 쓰여 있다고 생각하라. 굳이 자랑하지 않더라도 사람들은 그것을 알아 볼 것이다.

▶ 봉사단체의 정회원이 되어 매달 후원금을 보내라.

▶ 빈민구호단체 및 봉사단체의 홈페이지를 정기적으로 방문하라.

당신은 어떠한 꿈도 실현시킬 수 있다. 당신에게 필요한 것은 용기뿐이다.

— 월트 디즈니

7

사소한 습관이 인생을 좌우한다

습관을 만드는 것은 우리 자신이다. 그 다음에는 습관이 우리를 지배한다.

— 존 드라이든

습관은 사소한 것이 아니다

늘 30분마다 5초씩 머리를 긁는 버릇을 가진 사람이 있었
다. 그는 그 버릇 외에는 달리 이렇다 할 정도의 특징이 없는 평
범한 사람이었다. 그런데 어느 날 그가 죽어서 지옥에 가게 되었
다. 평생 나쁜 짓이라고는 사소한 것 외에 해 본 적이 없는 그로
서는 충격이 아닐 수 없었다. 그는 염라대왕에게 따져 물었다.

"왜 내가 지옥에 온 것입니까? 나는 평생 나쁜 짓이라고는
사소한 것 이외에 해 본 적이 없습니다."

그러자 염라대왕이 대답하였다.

"네가 30분마다 5초씩 머리를 긁었던 시간을 합쳐 보아라.
30분마다 5초면 한 시간에 10초, 하루에 4분, 일주일이면 28분,
한 달에 1시간 44분, 일 년이면 20시간 48분이다. 네가 75년을 살

았으니 1560시간, 65일이나 되는 어마어마한 시간을 고작 머리를 긁는 데에 허비했구나. 너는 인생의 시간을 함부로 쓴 죄인이다."

65일이라면 대단히 긴 시간이라고 할 수 있다. 이렇게 긴 시간을 머리를 긁는 데에 사용했다면 그것은 명백하게 인생의 낭비임이 분명하다. 사소한 버릇 때문에 무려 65일이라는 시간을 낭비한 셈이다.

사소한 습관이 일생에서 차지하는 시간은 의외로 많다. 때문에 습관을 잘못 들이게 되면 엄청난 시간을 자기도 모르는 사이에 낭비하게 되는 것이다. 더욱이, 습관으로 인해 시간도 낭비할 뿐더러 인생에 나쁜 영향까지 받는다면 그것은 참으로 안타까운 일이 아닐 수 없을 것이다.

서커스단에서는 어린 코끼리를 길들일 때 작은 쇠사슬에 늘 묶어 놓는다. 밥을 먹을 때에나 잠을 잘 때에도 어린 코끼리는 언제나 쇠사슬에 묶여 있다.

나중에 코끼리가 커서 작은 쇠사슬쯤은 무리 없이 끊어버릴 수 있게 된 다음에도 코끼리는 작은 쇠사슬을 탈출할 생각조차 하지 않는다.

거대한 코끼리는 어렸을 적에 자신을 구속하던 작은 쇠사슬을 당연한 것으로 받아들이고 끊어보려는 생각조차 포기해 버렸기 때문이다.

나쁜 버릇은 마치 어린 코끼리를 묶어 놓은 작은 쇠사슬과 같다. 코끼리가 어른이 될 때까지 쇠사슬에 묶여 구속당하듯 나쁜 버릇을 갖고 있는 사람은 그것에 시간을 빼앗길 뿐더러 분명 삶의 어디선가에서 억울하게 피해를 보고 있는 것이다.

'사소한 습관' 때문에 인생의 소중한 시간도 빼앗기고 삶에 피해를 입는다면 더 이상 그 습관은 사소한 것이 아니다. 오히려 눈을 크게 뜨고 지켜보고 난 후에 과감하게 나쁜 습관과 불필요한 습관을 제거해야 하는 것이다.

> **습관은 더 이상 사소하지 않다.**
> **지금부터라도 눈을 크게 뜨고 지켜보아라.**

마음의 밭을 가꾸어라

농작물을 재배하는 데에 있어서 중요한 것 중의 한 가지는 바로 김매기이다. 작물을 심고 그것이 결실을 맺기 전까지는 20~30일 간격으로 주기적으로 계속 김을 매어 잡초를 없애 주어야 농작물에게 갈 영양분과 수분이 뺏기는 것을 막고 농작물의 뿌리가 뻗을 공간을 마련해 줄 수 있는 것이다.

제초기와 제초제가 등장함에 따라 김매기에 드는 노동력이 많이 줄어들기는 했지만, 여전히 김매기는 농사일에 있어서 가장 손이 많이 가는 작업이며 또 그만큼 농부가 농작물에 얼만큼의 정성을 쏟았느냐 하는 척도가 되기도 한다.

김매기를 하지 않는 밭에는 농작물이 클 수 없다. 곧 잡초가 무성하게 자라 농작물이 흡수해야 할 영양분과 수분을 가로채고 무서운 번식력으로 뿌리를 내려 농작물이 뿌리내릴 자리를 빼앗기 때문이다.

대개의 나쁜 습관은 잡초와도 같다. 그것은 게으름이나 성급함 같이 순간적인 쾌락을 제공하는 감정에 기반을 하여 자라나기 때문에 굳이 씨를 뿌리지 않아도 생겨난다. 그리고 한 번 생겨나면 생활 속에 깊게 뿌리를 내려 나중에는 없애기가 너무 힘들다.

반대로 좋은 습관은 농작물과 비슷하다. 그것은 일단 처음에는 아무것도 얻을 수 없다. 오히려 귀찮고 힘든 것일 가능성이 더 높다.

농작물을 처음 기를 때에 많은 노력을 기울여야 하는 것과 같다. 그리고 좋은 습관은 계속 주의를 기울이지 않으면 곧 없어져 버린다.

게으르고 귀찮아서 잡초에게 자리를 내어주듯 나쁜 습관으로 바뀌는 것이다. 마지막으로 좋은 습관은 그것을 끝까지 유지하고 지켜나갔을 경우 농작물처럼 근사한 결실을 맺게 된다.

사람의 생활은 크기가 제한된 밭과 같다. 모든 인간에게는 하루 24시간이라는 한정된 양의 시간이라는 밭이 주어진다. 이것에 과연 나쁜 습관의 잡초 밭을 만들 것이냐, 좋은 습관이라는 농작물을 기를 것인가가 갈라지는 것이다.

나쁜 습관을 솎아 내고 좋은 습관을 가꾸어 생활화하는 것은 곧 자신의 삶을 경작하는 것과 같다.

부지런한 농부만이 소중한 농작물을 얻을 수 있듯, 부지런하게 습관을 가꾸어 나가는 사람만이 값진 삶을 살 수 있을 것이다.

> ≫ 당신의 삶의 밭은 얼마나 잘 가꾸고 있는가?
> 밭을 가꾸듯, 잡초를 솎아 내듯 당신의 삶도 가꾸어라.

인생에 심어야 할 좋은 습관 네 가지

1. 목표를 세우고 자주 점검하는 습관

목표는 지도와도 같다. 자신이 어디를 향하고 있으며 어떤 길을 거쳐서 그 목표에 도달할 것인가를 보여주기 때문이다.

지도를 갖추지 않은 여행자는 길을 잃고 방황하기 마련이다. 마찬가지로 목표가 없거나 흐리멍덩한 사람은 삶의 방향을 잃고 헤매다가 인생을 낭비하게 된다.

장기 · 중기 · 단기에 걸쳐 목표를 분명하게 세우고 이것을 자주 체크하는 습관을 가져라. 그것은 자주 지도를 보며 여행의 진로를 확인하는 것과 같이 삶에 목표로의 여행을 더 확실한 것으로 만들어 준다.

2. 시간을 아껴 쓰는 습관

시간은 전 인류에게 공평하게 24시간씩 주어졌다지만 그것을 어떻게 쓰는가는 사람마다 다를 수밖에 없다.

어떤 이는 매사에 일에 최대한 집중하며 자투리 시간을 아껴 쓰고 스케줄 계획을 세워 24시간을 48시간처럼 쓰는가 하면, 어떤 이는 반쯤은 수면 상태로 일을 질질 끌고 툭하면 담배 피기와 수다로 시간을 보내며 늘 게으르고 굼떠 24시간을 12시간처럼 쓴다. 이 두 사람의 인생은 당연히 그 질이 달라질 수밖에 없는 것이다.

아무리 능력이 있고 똑똑하다 하더라도 24시간을 12시간으로 사는 사람이라면 절대로 성공할 수 없고 비록 조금 못나고 우둔한 사람이더라도 부지런하게 24시간을 48시간으로 늘려 사용한다면 자신의 핸디캡을 충분히 극복하고도 남을 것이다.

3. 자기 이미지를 관리하는 습관

현대는 이미지의 시대이다. 이 말이 결코 겉모습만 번지르르하게 꾸미라는 이야기는 아니지만, 이미지를 관리하지 않으면 그 알맹이가 아무리 좋아도 주목받지 못한 채 묻혀버리게 된다.

때문에 자기 이미지를 파악하고 끊임없이 관리하는 습관은 현대인의 필수 성공요소이다.

우선 자신이 어떤 사람인가를 파악하라. '이미지' 라는 것은 단순히 자신의 능력이나 성격에 국한되는 것이 아니라 자신에 대한 평판, 자신의 외모와 말투에서 느껴지는 분위기, 자신의 학력이나 커리어와 같은 객관적 데이터 등 자신에 관한 모든 정보를 통해 형성되는 것이다. 그것을 종합하여 자신에 대한 이미지가 어떤지를 파악했다면 이제 그 가치를 높이는 방법을 연구하라.

능력 계발도 좋고, 외모를 가꾸는 것도 좋다. 중요한 것은 당신이 다른 사람에게 어떻게 생각되는가에 대하여 관심을 갖고 부단히 자신의 이미지를 파악하고 개선해 나가는 것이다.

4. 기록, 메모하는 습관

기록의 중요성은 아무리 강조해도 지나치지 않는다. 사람의 기억력은 의외로 부실하여서 감정이나 다른 유사한 경험, 계속적으로 받아들이는 자극으로 인하여 끊임없이 위협받게 된다.

사소한 소음이나 시각적인 자극만으로도 '이것만큼은 꼭 기억해야 한다' 고 굳게 마음먹었던 정보가 헛갈리는 것이 바로 사람의 기억력이다.

더욱이 주관적인 감정이나 느낌에 대해서는 따로 방해받지 않더라도 제대로 보존하지 못한다. 때문에 기록은 중요하다. 살면서 망각으로 인하여 잃게 되는 중요한 정보, 소중한 느낌, 순간의 아름다운 감상을 고스란히 보존한다는 것은 엄청난 득이 되는 것이다. 게다가 기록하는 과정에서 생각을 정리하게 되고 이것은 문제에 부딪혀 출구를 찾을 수 없을 때에도 해결의 실마리를 찾는 도움이 될 수 있다.

일기, 비망록, 감상노트, 아니면 단순한 공책이라도 좋다. 생활 속에서 비록 작지만 기록하는 습관을 가져라.

기록하는 습관을 갖는 것은 기억력의 한계를 보완하는 커다란 플러스 요소임에 틀림없다.

사실 삶에 도움이 되는 습관은 이 네 가지 말고도 무수히 많다. 여기에 추천된 네 가지는 수많은 좋은 습관들 중에서 삶에 큰 효과가 있으리라 생각되는 것을 뽑은 것이다. 이 네 가지 외에도 자신의 인생에 도움이 되리라 생각되는 습관을 발견한다면 주저 없이 자기 것으로 만들어라.

당신의 인생에 달콤한 열매를 가져다 줄 씨앗을 심는 것에는 어떠한 주저함이나 망설임도 필요가 없다.

> **≫ 당신의 인생에 훌륭한 습관을 심고 가꾸어라.**
> **좋은 습관은 주저없이 완전하게 자기것으로 만들어라.**

인생에서 뽑아내야 할 나쁜 습관 네 가지

1. 변명하는 습관

사람은 본능적으로 실패를 피하고 싶어 하기 때문에 일에 실패하고 문제가 생기면 저절로 변명거리를 찾게 된다. 그러나 변명은 문제가 생겼을 때 대처하는 방법 중에 가장 어리석은 것이다. 변명은 해결에 대한 대안이 아니라 실패의 원인에 주목한다.

이미 일을 실패하여 문제는 코앞에 닥쳐 있는데 변명만 늘어놓는 것은 결코 문제의 해결에 도움이 되지 않는 것이다. 변명을 늘어놓는다고 해서 실패가 성공으로 바뀌는 일은 결코 일어나지 않는다. 일단은 당면한 실패를 받아들이고 문제를 해결한 다음에 변명을 해도 늦지 않는다. 우선은 건설적인 대안을 찾는 것이 급선무인 것이다.

2. 쓸데없이 걱정하는 습관

앞날을 바라보고 닥쳐 올 재난을 미리 준비하는 것은 분명 바람직한 일이다. 그러나 확실하지도 않은 미래를 걱정하거나, 자기 능력으로는 어쩔 수도 없는 일을 걱정하는 것은 에너지의 낭비일 뿐이다.

어떤 사람들은 끊임없이 근거 없는 정리해고 소문에 지금의 자리가 위태롭지나 않을까 근심에 잠기고, 조금이라도 유가가 오르면 나라가 망하지는 않나 한숨 쉰다. 있지도 않는 정리해고와 스스로가 어쩔 수 없는 유가폭등을 두고 자기 일은 하지 않은 채 걱정만 하다가 자신의 일도 제대로 못하고 늘 인상만 쓰고 있는 것이다.

쓸데없는 걱정을 버려라.

걱정은 마음속에 두려움을 만들고 두려움은 행동을 움츠러들게 한다. 적당한 긴장감과 준비성을 동반하지 못하는 두려움은 의미 없는 마음속의 귀신일 뿐이다.

3. 비교하는 습관

"옆집 철수는 100점인데 넌 이게 뭐니?"

"민희 엄마는 생일 때 다이아를 받았대요."

"김부장 와이프는 옷도 잘 입더구만 당신은 이게 뭐야?"

사람들은 때로 남과 비교함으로써 자신의 불만을 나타낸다. 남은 이만큼 하는데 너는 뭐가 모자라 이것밖에 못 하냐는 식이다. 그러나 이런 소리를 듣는 사람들은 언제나 '난 그 사람과 다르다'고 대답한다. 다르니까 비교하지 말라는 것이다.

사람은 공장에서 찍어내는 제품이 아니다. A라는 사람이 100의 능력을 갖는다고 해서 B라는 사람까지 똑같이 100의 능력을 갖고 있는 것이 아니다. 때문에 A가 잘한다고 해서 B까지 똑같이 잘해야 한다는 것은 사람을 사람이 아니라 공장에서 찍어낸 물건으로 보면서 '성능이 똑같지 않으니까 반품해 달라'는 것과 마찬가지이다.

사람이 비난받아야 하는 것은 남보다 못해서가 아니라 못하는 것을 알면서도 발전하지 않으려는 태도이다. 이때에도 비교 대상은 과거의 못난 자기 자신이지 절대로 남이 아니다.

자기 자신이든 아는 사람이든 절대로 남과 비교하지 마라.

4. 단정하는 습관

뭐든지 확실한 것은 불확실한 것보다 낫다. 확실한 정보라야 주장의 근거가 될 수 있고 확실한 신념이라야 행동으로 밀어 붙일 수 있으며 확실한 사람이라야 믿고 일을 맡길 수 있는 것이다. 그러나 문제는 아무런 근거나 이유 없이 불확실한 것을 확실한 것으로 단정하는 습관이다.

무언가를 단정한다는 것은 불확실한 것을 억지로 확실한 것으로 받아들인다는 의미이다.

억지로 우겨넣은 정보는 그만큼 부정확할 가능성이 높다. 틀린 정보를 참이라 믿어버릴 수 있다는 것이다. 잘못 알고 있는 것은 모르는 것보다 더 나쁘다.

모르면 차라리 처음부터 다시 사실을 확인하고 다시 시작하면 될 것을 잘못 알고 있으면 엉뚱한 방향으로 행동해버리기 때문이다.

사실에 대하여 잘못 단정해버리면 잘못된 결론을 내게 된다. 신념에 대해 잘못 단정해버리면 광신에 빠져 버린다. 사람에 대해 잘못 단정해버리면 의심을 하게 되고 인간관계가 망가지게 되는 것이다.

불확실한 것은 그대로 불확실한 것으로 인정하라.

무언가를 알지 못하여 일을 진행할 수 없다면 차라리 처음부터 차근차근 사실을 확인해 가며 다시 시작하는 것이 낫다. 갈림

길에 멈춰서면 멈춰선 만큼만 기다리면 되지만, 잘못된 길로 들어서 버리면 그만큼 다시 거꾸로 돌아와야 하는 것이다.

좋은 습관을 심는 것과 마찬가지로 나쁜 습관을 제거하는 것역시 망설임이나 주저함이 있어서는 절대 안 된다. 그것이 어떤 것이냐를 막론하고 자신의 삶에 악영향을 미치고 있는 습관은 단호하게 뿌리를 뽑아야 한다.

> **≫ 당신의 삶에서 해로운 습관을 모두 뽑아내어라.**
> **모르면 처음부터 다시 확인하고 시작하는 습관을 가져라.**

빅뱅 같은 습관을 만들어라

'빅뱅이론'은 우주의 탄생을 설명하는 천체물리학 이론이다. 빅뱅이론에 의하면 태초에 눈에 보이지도 않는 아주 작은 '특이점'이라는 상태가 10의 -34승마다 두 배씩 커지는 폭발적인 팽창을 시작하였고 그것이 우주의 시작이었다는 것이다.

이 특이점은 최초의 1초 동안 물리학을 지배하는 중력과 기타의 다른 모든 힘을 생성하였으며 3분 안에 우주에 존재하는 모든 물질의 98퍼센트를 창조하였다고 한다.

블랙홀은 태양보다 열 배 이상 무거운 별들이 수명을 다하여 생기는 천체이다. 수십 킬로미터의 반지름을 가지고 있는 이 작은 천체는 우주 전체의 관점에서 보면 작은 점에 불과하다. 그러나 이 작은 천체는 지구의 100억 배 이상의 중력을 갖고 있다. 우주에 존재하는 가장 빠른 존재인 빛조차 통과하지 못하고 빨려 들어가는 어마어마한 힘이다.

전 우주가 블랙홀 안으로 모두 빨려 들어가 소멸한다는 학설까지 제기될 정도이다.

'우주는 빅뱅으로 탄생하고 블랙홀로 끝난다' 는 것이 사실이라면 우주는 하나의 점에서 시작하여 하나의 점으로 끝나는 셈이다.

하나의 점이라는 것은 그것이 아주 사소하다는 의미이기도 하다. 블랙홀의 반지름 수십 킬로미터는 인간에게는 먼 거리이지만 우주 전체의 관점에서 보면 아주 작은 단위에 불과하다.

빅뱅의 특이점은 인간의 눈으로 보아도 아예 보이지 않는다. 그 크기를 알 수 없다는 거대한 우주가 사소한 점에서 생성되고 다시 사소한 점으로 흡수되어 소멸한다는 것이다.

　인간의 삶도 같은 길을 걸을 수 있다. 여기서 사소한 점은 습관을 의미한다. 습관은 의식되지 않는 작은 행동들이기 때문에 사소한 점과 같이 느껴진다. 그러나 이 작은 점들은 생활 속에 뿌리를 내리고 인간의 삶에 영향을 미친다. 그것은 창조의 빅뱅일 수도 있고, 소멸의 블랙홀일 수도 있다.

　빅뱅과 같이 좋은 습관 하나로 인생이 축복과 창조로 가득 찬 것이 될 수도 있고 블랙홀과 같은 나쁜 습관 하나 때문에 삶 전체가 어둠 속으로 빨려들어 갈 수 있다는 의미이다.

　'좋은 습관'이라는 것은 개인마다 다르고, 그것을 발견하는 것 역시 각자의 몫이다. 그러나 중요한 것은 언제든지 나쁜 습관을 제거하고 좋은 습관을 키워 가는 부지런함과 의지인 것이다.

> ≫ 당신의 습관은 인생을 완성하고 있는가, 망치고 있는가?
> 빅뱅과 같이 좋은 습관을 만들고 유지시켜라.

Success Point

▶ 당신의 생활을 제3자의 눈으로 바라보아라. 보이지 않던 습관이 발견된다.

▶ 좋은 습관에 대한 책과 기타 정보를 적극 이용한다.

▶ 하루 10분씩 자신의 삶에 도움이 되는 습관이 무엇이 있을까 생각해본다.

▶ 나쁜 습관을 없앴다면 주변 사람들에게 널리 알려 주어 나쁜 습관이 반복되려고 할 때 당신을 말릴 수 있도록 하라.

▶ 좋은 습관을 발견했다면 주변 사람들과 공유하여 함께 생활화하라. 이렇게 하는 게 혼자 노력하는 것보다 쉽다.

우리는 상상 외로 많은 힘을 가지고 있다.
그러므로 어떤 것이 불가능하다고 말하는 것은 핑계에 불과하다.
— 프란코이스 로체포우콜드

커뮤니케이션을 통해 협력하라

나뭇잎에게 물어보라. "당신은 혼자서 살 수 있나요?" 그럼 나뭇잎은 대답할 것이다. "아니오, 나의 삶은 가지에 달려 있습니다." 가지에게 또 물어보라. 그러면 아마 이렇게 대답할 것이다. "아니오, 나의 삶은 뿌리에 달려 있습니다." 뿌리에게 그렇게 물어보라. 그러면 아마 이렇게 대답할 것이다. "아니오, 나의 삶은 기둥, 줄기, 가지들, 그리고 나뭇잎들에게 달려 있습니다. 가지로부터 나뭇잎을 제거해 버린다면 나는 죽게 될 것입니다. "왜 모르고 있는가? 인류도 마찬가지라는 사실을. 사람은 누구나 혼자서는 살 수 없다는 것을……

— 해리 에머슨 포스딕

협력의 시대임을 자각하라

기술이 발달하고 삶의 질이 향상되면서 가족의 규모는 줄어만 간다. 다 알다시피 예전에는 일가친척이 한 곳에 모여 살았다. 농사를 지어 생계를 유지하던 시대여서 한 집에 장정 네다섯 명은 있어야 했기 때문이다. 그러던 것이 산업이 발전하면서 핵가족이 등장하였다. 가족의 생계유지 수단이 농사에서 직장에서 사무를 보는 것으로 바뀜에 따라 굳이 모여 살 필요가 없어진 것이다. 그리고 인터넷 시대인 지금 일부에서는 아예 '공동생활' 자체가 희미해지고 있다. 원룸에서 인터넷 쇼핑으로 장을 보고 컴퓨터를 친구삼아 노는 싱글족이라는 용어까지 등장하는 라이프스타일은 이제 더 이상 어색한 것이 아니다.

이처럼 삶의 단위가 점점 작아지고 개인화됨에 따라 예전처럼 서로 돕고 사는 삶은 그 의미를 잃어가는 것 같다. 혼자서 모든 것이 가능한 시대에 협력이 무슨 필요가 있겠느냐는 것이다.

그러나 협력은 이미 이 시대를 관통하고 있다. 그것에는 이 시대를 대표하는 인터넷과 네트워크 기술에 내재되어 있다.

인터넷이 정보의 바다라고 불리 울 수 있는 것은 하나의 저장소에 그 모든 정보가 들어 있어서가 아니다. 그것은 수억 수십억 개의 웹페이지에 담겨져 있는 정보의 작은 조각들이 모여 하나의 거대한 정보의 군체를 이루기 때문이다.

네트워크 기술 역시 마찬가지이다. 여러 개의 단말기를 네트워크로 연결시키고 업무에 이용하는 것은 단순히 단일 단말기를 여러 개 이용해 이루어낼 수 없는 결과를 창출한다. 전자결재, 화상회의 등 첨단 사무화 기술은 모두 이런 '협력'의 결과인 것이다.

인간의 업무 환경은 협력을 다시 중요한 가치로 부상시키고 있다. 이전 산업화 시대의 관료제는 협력보다는 분업을 중시하였고 자유로운 소통보다는 계층적인 명령 체계를 중요시하였다.

각 부서가 서로 협력하기보다는 업무를 세분화하여 나누어 맡는 것이 능률적이라고 생각했고 결재는 반드시 실무자에서 몇 단계의 중간관리자를 거쳐야 비로소 결정권자에게 전달되었던 것이다. 그러나 정보화 시대에는 프로젝트 단위로 팀을 구성하며, 능력 위주로 자유롭게 인사 구성을 실행한다. 프로젝트 팀들은 서로간의 자유로운 의사소통과 정보 교환을 통하여 업무를 수행하고 나아가 시너지 효과를 창출한다.

또한 예전에는 경쟁업체라고 하면 무조건 거부하고 '적'이자 '제거대상'으로까지 여겼지만 이제는 자사에 이득만 된다면 주저 없이 손을 잡고 있다. 세계 규모의 경쟁 속에서는 국내 경쟁업체라 하여서 무조건 협력을 거부하다가는 외국 업체에게 당하기 때문이다.

국내 조선업계의 최대 라이벌인 대우조선과 삼성중공업이 원가 절감을 위해 '적과의 동침'을 선택했다. 2005년 7월 29일 대우조선과 삼성중공업은 해상크레인과 족장 등 유휴 선박건조 장비를 서로 빌려주는 방식으로 원가절감에 나서기로 하였다. 대우조선은 삼성중공업으로부터 3,600톤 규모의 해상 크레인을 빌려 쓰는 대신 삼성중공업에 해양 공사에 쓰이는 사다리 형태의 50미터 대형 철골구조물 30여 개를 중고 가격보다 훨씬 저렴하게 매각하기로 하였다.

이렇듯 협력은 생활에서 업무로 주무대를 바꾸어 더욱 중요한
시대적 가치로 부상하였다. 혼자 사는 생활방식이 늘어난다고
하여서 협력의 가치가 소멸되는 것은 아니라는 것이다. 이제는
협력의 시대이다. 협력하는 방법을 모르는 사람은 그만큼 시대
에 뒤처진 무능력한 사람이 되는 것이다.

> **≫ 지금은 업무관계 협력이 중요한 시대이다.**

의사소통은 곧 신뢰감을 만드는 것이다

우리는 협력하려면 의사소통을 해야 한다. 그것이 대화이든,
편지이든, 혹은 다른 방식이든 사람은 의사소통을 함으로써 상
대방이 어떤 사람인지 파악한다. 파악한다는 것은 상대방이 어
떤 존재인지 이해하고 그의 행동에 어떻게 반응할 것인가를 결
정했다는 것이다. 인간은 어떻게 대응해야 할지 모르는 대상에
대하여 공포감을 느낀다. 그리고 이런 공포를 제거해야 만이 협

력이 가능한 것이다.

따라서 의사소통은 단순히 '나의 뜻을 상대방에게 전달하는 것' 이상의 의미를 갖게 된다. 그것은 단순히 메시지를 옮기는 동작이 아니라 상대방이 나를 파악하게 하는 과정이다. 의사소통을 단순히 메시지 전달로 생각하게 되면 신뢰를 쌓는 것은 불가능해진다. 상대방은 단순히 메시지를 전달받을 뿐 그 메시지를 전하는 사람이 누군지 파악할 수 없기 때문이다.

'주차금지', '서행', '좌회전 금지' 등의 문구는 모두 메시지만을 전달하는 의사소통 형태이다. 만약 사람에게서 이런 말을 듣는다면 주위 사람들은 그를 약간 정신이 이상한 사람으로 보고 슬슬 피할지도 모른다. 이것들은 의사소통이 목적이 아니라 오로지 의미전달을 위해 존재하는 것이기 때문이다. 사람은 오로지 하나의 메시지만을 전달하기 위해 태어나지 않는다.

의사소통은 메시지만 전달하는 것이 아니라 당신 자체를 전달하여 상대방에게 보여주는 것이다. 이 때문에 올바른 의사소통이 중요한 것이다. 말이든, 글이든, 또 다른 무엇이든 간에 당신이 의사소통을 하고자 한 데에서 사람들은 당신이 어떤 사람인가를 읽게 된다. 그리고 그것을 통하여 당신과 신뢰를 쌓을 것인가를 평가하고 나아가 당신이 협력할 만한 사람인가가 결정되는 것이다.

> ≫ **의사소통은 곧 신뢰를 소통하는 것이다.**

당신은 효과적인 대화를 하고 있는가

말은 가장 직접적이고 일상적인 의사소통이다. 그것은 쉽고 분명하며 즉각적으로 전달된다. 때문에 올바른 의사소통을 위해 가장 중요하게 생각해야 할 부분이기도 하다.

사람들은 종종 '말하다' 와 '대화하다' 를 착각한다. 그러나 착각은 간단한 것이지만 때때로 결과는 그와 다르게 치명적이다. 그 착각 때문에 일자리를 잃기도 하고 사랑에 실패하기도 하며 가족 간의 관계가 멀어지기도 한다.

'말하다' 와 '대화하다' 의 차이는 그 의미를 듣고 반응하는 사람이 있느냐 없느냐에 달려 있다. 말한다는 것은 듣는 사람이 있건 없건 생각하는 바를 성대와 혀를 이용하여 음성으로 표출하는 것을 의미한다. '말한다' 는 동작은 한 사람만을 필요로 한다. 수많은 청중 앞에서 열변을 토하든 사막 한가운데에서 홀로 소리를 지르든, 오로지 한 사람만이 무엇인가 의미를 전달하려 애쓰고 아무도 그에 반응하지 않는다면 그것은 '말한다' 의 범주에 들어간다.

이에 반해 대화한다는 것은 듣고 그에 대해 반응해 주는 사람을 반드시 필요로 한다. 일방적으로 의미를 전달하고 듣기만 하는 것이 아니라 필연적으로 상호간에 의미가 오가야 한다. 따라서 반드시 두 사람 이상이 있어야만 대화가 가능하게 된다. 꼭 말이 오갈 필요는 없으나 고개를 끄떡인다든가 미소를 짓는다든가 하는 무언의 반응이 존재해야 하는 것이다.

대화가 필요한 상황에 오직 말만 하는 사람은 눈을 가리고 귀를 막은 것과도 같다. 상대방으로부터의 피드백을 무시한 채 오로지 녹음기를 틀어 놓은 것처럼 자기 이야기만 끊임없이 늘어놓는 것이다. 이런 사람은 자연스럽게 대화에서 제외된다. 의미가 오가는 상황에서 결론을 찾고 새로운 의미를 찾아나가는 데에 전혀 도움이 되지 않기 때문이다.

결국 말만 하는 사람은 회의에서 실패하여 직장을 잃기도 하며, 연인 간의 애정어린 속삭임에 실패하여 실연을 당하기도 한다. 또 배우자와 아이들의 이야기를 듣지 않기 때문에 화목한 가정을 만들 수 없다. 눈을 가리고 귀를 막았으니 정상적으로 무언가를 이룰 수 있을 리가 없다.

살면서 일방적으로 '말하기'를 해야 하는 경우는 그다지 자주 있지는 않다. 정치인이 되어 연설을 하거나 강사가 되어 강의를 진행하지 않는 한 대부분의 사람들은 '말하기'보다는 '대화하기'에 더 가깝게 사는 것이다. 더욱이 요즈음은 정치인의 연설이나 강사의 강의조차도 청중과 학생들의 반응을 살피는 '대화'의 범주로 포함되어 가고 있다.

이제 '말하기'의 입지는 더더욱 좁아지고 오직 눈을 뜨고 귀를 열어 의사를 '소통'하는 사람만 성공할 수 있다는 것이다.

≫ 당신은 지금 진정한 '대화를 하고' 있는가?

말하지 않고도 대화가 가능하다

무려 일 년 남짓한 단기간에 30퍼센트의 매출 성장을 기록하며 일본 금융가에 센세이션을 일으킨 은행이 있다. 그저 그런 중소은행에 불과했던 이 은행이 이렇게 놀랍게 성장한 이유는 단지 이름을 '토마토 은행'으로 바꾸고 빨간 토마토를 마케팅 전면에 내세웠기 때문이다.

단지 토마토라는 이름만으로 뭔가 특별한 의미를 갖는 것은 아니다. 그것은 그저 붉고 상큼한 야채를 뜻하는 단어일 뿐이다. 그러나 고객들은 딱딱하고 보수적이던 은행이 토마토라는 파격적인 이름을 갖고 있다는 데에서 '뭔가 다른 서비스를 제공할 것이다', '뭔가 신세대적인 사고를 갖고 있을 것이다'라는 느낌을 받았고 그 느낌은 곧 30퍼센트 매출 성장이라는 놀라운 기록으로 이어진 것이다.

말이라는 음성 언어는 곧바로 그 의미가 해석되어 듣는 사람의 사고 과정에서 '그렇다', '그렇지 않다', '좋다', '아니다'라는 판단이 내려지게 된다. 때문에 말은 자신이 원하는 바를 분명하고 명확하게 직접적으로 전달하는 데에는 유리하지만 상대방의 반대와 거부 역시 명확하고 강력하게 나타나게 된다.

그러나 말을 거치지 않은 의사소통 — 어조, 목소리, 몸짓, 외모, 자세, 호흡 같은 것들은 그 의미가 모호하고 의미를 전달하는 데에 그다지 효과적이지는 않지만 그 때문에 상대방 역시 별 거부감 없이 받아들이게 된다. 이것들은 하나의 '이미지'를 형성하게 되는데 이것은 사고 과정의 평가를 받지 않지만 그것을 받아들이는 사람에게는 말과 마찬가지로 의사소통하는 사람이 누구인가를 파악하게 한다.

예를 들어 말하는 사람이 아주 좋은 옷을 입고 있다면 듣는 사람은 그가 부유한 사람이라고 생각하고 그에 맞는 주제를 준비할 것이다(외모). 팔짱을 끼고 말하는 사람은 그럴 의도가 없더라도 방어적이고 마음을 닫고 있다는 인상을 주게 된다(자세). 말을 하면서 이리저리 손짓 발짓을 멈추지 않는 사람은 왠지 믿음직해보이지 않으며(몸짓), 한숨을 쉬며 말하는 사람은 깊은 시름에 잠긴 듯이 보인다(호흡). 의사소통은 메시지뿐만 아니라 그것을 실행하는 사람에 대해서도 전달하는 것이기 때문에 이런 현상이 생기는 것이다.

때문에 말을 통하지 않은 의사소통을 어떻게 실행하느냐는 것은 올바른 의사전달에 있어서 말하는 것 못지않게 중요하다. 때에 따라서는 말하는 것과는 반대의 이미지가 형성되어 듣는 사람이 전혀 엉뚱한 의미로 해석할 수도 있기 때문이다.

셀 수 없이 많은 의사소통의 상황에 어떤 자세가 옳고, 어떤 어조는 좋지 않으며 어떤 몸짓은 하면 안 된다는 것을 일일이 따지기는 불가능하다. 그러나 한 가지 팁이 있다면, 그것은 말과 그 외의 것들을 일치시키라는 것이다.

말과 몸짓, 말과 외모, 말과 자세가 일치하면 그만큼 나의 의사는 상대방에게 잘 전달되고 그 효과도 배가된다. 대통령 선거에서 후보들의 의상을 결정하는 데에 일류 코디네이터가 동원되는 것은 이 때문이다. 단순히 말로 전달되는 메시지보다는 말과 함께 몸짓으로, 자세로, 외모로 같이 전달되는 메시지는 더 설득력 있고 타당한 것으로 받아들여지기 때문이다.

말을 통하지 않는 의사소통은 양날의 칼과도 같다. 그것을 제대로 구사한다면 하는 말마다 플러스 알파의 효과를 가져 올 수 있지만 적절하게 쓰이지 않으면 오히려 전달하려는 뜻을 왜곡하고 때로는 뒤집어 버리기도 하는 것이다.

> **당신은 어떤 자세로 말하는가? 당신의 외모는 어떤가?**
> **말을 하는 당신의 몸짓과 호흡은 어떠한가?**

온 힘을 다하여 협력하라

우리가 하는 의사소통의 궁극적 목적은 협력이다. 완벽한 의
사소통을 구사하는 사람이라도 그 목적을 협력에 두지 않는다면
훌륭한 능력을 제대로 발휘하지 못하는 셈이 된다. 그 사람은 그
저 '인상 좋은 사람'으로 남을 뿐이다. 물론 직업상 협력이 필요
하다고 생각할 때에 그는 대부분의 경우 신뢰를 얻는 데에 성공
할 것이다. 그러나 그것으로는 부족하다. 적극적으로 협력 관계
를 맺어나가야 한다. 훌륭한 의사소통 능력을 갖고도 협력을 구
하지 않는 사람은 길가에 돈이 떨어져 있어도 줍지 않는 것과
같다.

'필요할 때 도움을 요청하면 되겠지'라는 생각으로 적극적으

로 협력하지 않는 것은 두 가지 요소를 놓치고 있다. 하나는 협력이 실패할 때를 간과했다는 것이고, 하나는 협력의 효과를 무시했다는 것이다.

아무리 설득력 있는 의사소통이 가능하다고 하더라도 언제 어디서나 누구에게서나 협력을 이끌어 낼 수 있는 것은 아니다. 협력이 쌍방에 이득이 되는 경우가 아니라면 도움을 주는 쪽은 언제든지 그것을 쉽게 거부할 수 있다. 특히 업무적인 협력이라면 더 그렇다. 그러나 협력 체제를 항시 구축하여 놓고 있다면 그것은 언제든지 쉽게 떼어낼 수 있는 것이 아니라 이미 협력의 상대방 조직 내부에 깊게 자리 잡은 것이 되기 때문에 쉽게 제거할 수 없게 된다.

또한 항상 협력하고 있다는 것은 협력 분야에 있어서 자체적으로 해결하는 것보다 더 탁월한 능력을 가진 상대방의 힘을 빌리는 것을 의미한다. 이것은 단순히 어려움을 해결하는 수준에서 벗어나 더 훌륭한 결과를 도출하게 하며 자체적으로 보유한 능력 수준을 향상시키는 것과 같다.

'협력 받는 것'을 마치 궁한 상황에 처하여 어쩔 수 없이 남의 도움을 받는다고 생각해서는 안 된다. 협력 역시 하나의 능력이며 발전을 향한 전략이다. 미래를 향하여 발전하고 싶은 사람이라면 올바른 의사소통을 통하여 적극적으로 협력해야 하는 것이다.

≫ 협력의 네트워크를 항상 구축하라.

Success Point

▶ 거울 앞에 서서 누군가와 대화를 시작한다고 상상하고 가상의 대화를 진행해 보아라. 대화하는 버릇을 알 수 있다.

▶ 조언을 얻고 도움을 받는 것을 자연스럽게 여기고 업무에 그것을 적극 활용하라.

▶ 언제나 깔끔하고 정돈된 모습을 보여 주어라. 어떤 스타일의 옷을 입든 간에 지저분한 외모는 호감을 살 수 없다.

▶ 주위 사람에게 자주 물어보라. 당신이 모르고 있던 것들을 알 수 있는 좋은 기회이자 협력을 구축하는 첫 단계이기도 하다.

최선의 것을 예상하라. 문제를 기회로 바꾸어라.
현 상태에 대해 불만을 느껴라. 당신이 온 곳보다
당신이 가고 싶은 곳에 집중하라.
그리고 가장 중요하게는, 행복해지는 쪽으로 결정하라.
그것은 알다시피 일상의 실천에서 얻어지는
하나의 태도 또는 습관이지, 어떤 결과나 보상이 아니다.
— 데니스 웨이틀리

실수와 패배를 재활용하라

당신은 아마도 잘 기억하지 못할지 모르지만 이제까지 여러 번의 실패를 거듭해 왔습니다. 처음 걸음마를 시작할 때 당신은 넘어졌습니다. 처음 수영을 배울 때 당신은 물에 빠져 죽을 뻔하지 않았습니까? 홈런을 제일 잘 치는 타자도 자주 스트라이크 아웃을 당합니다. 베이브루스는 1,330번의 스트라이크 아웃을 당했지만 714번의 홈런을 날렸습니다. 실패를 걱정하지 마세요. 시도조차 하지 않아 없어지는 그 기회에 대해서나 걱정하세요.

— 미국 테크놀로지 기업 광고

실패의 순간, 시작을 생각하라

우리가 살면서 겪게 되는 실패의 순간은 언제일까?

실패의 원인이 발견되었을 때는 어떤가? 결과가 실패임이 최종적으로 결정지어졌을 때 당신은 어떤 생각이 드는가? 실패 후의 후유증이 밀어닥쳤을 때 어떻게 대처하는가?

정확히 말해서 실패의 순간은 스스로 실패했다고 생각하는 순간이다. 아무런 실패의 예고가 없어도 '실패할거야'라고 느낀다면 그것이 실패의 순간이며, 이미 계획이 수포로 돌아가 여기저기서 최악의 상황이 벌어지더라도 '아직 끝나지 않았어'라고 생각한다면 그것은 실패가 아니라 일의 진행 중에 잠시 정체된 것일 뿐이다.

KFC의 창시자 샌더스 씨 역시 좌절의 상황에도 실패라고 생각하지 않고 끝까지 자신의 계획을 밀어붙였던 사람이다.

샌더스 씨가 자신만이 가지고 있던 독특한 닭 요리법으로 무언가를 해 봐야겠다고 생각한 것은 이미 그가 대령으로 예편하여 정부에서 지급하는 연금으로 살아가던 65세 때였다.

그는 여러 음식점을 돌아다니며 자신의 요리법을 설명했으나 그때마다 돌아오는 것은 거절뿐이었다. 무려 1,009회의 방문을 거절당한 뒤에야 비로소 샌더스 씨는 자신의 닭 요리법을 시도해 보겠다고 하는 작은 음식점을 하나 찾을 수 있었다.

그리고 지금 샌더스 씨의 닭 요리는 패스트푸드 체인 KFC의 메뉴로서 전 세계 어린이들과 청소년들을 상대로 천문학적인 매출을 올리고 있다.

65세의 늙고 지친 몸을 이끌고 무려 천 번이나 이곳저곳의 음식점을 찾아다닌 샌더스 씨의 힘의 원동력은 무엇이었을까? 그것은 '나는 아직 실패하지 않았으며 어디엔가 반드시 나의 요리법을 써 주는 음식점이 있을 것이다' 라는 믿음에서였다.

이미 구상 단계에서부터 '나는 성공할 것이다. 실패란 있을 수 없다' 라고 생각했으니 처음부터 실패할 리가 없었던 것이다.

'실패'라는 말은 그 안에 '끝'이라는 의미를 담고 있다. '실패했다'라는 말은 '계획은 뜻대로 되지 않았다. 여기서 끝이다'라는 의미인 것이다. 때문에 실패했다는 생각을 버리면 계획은 영원히 끝나지 않는다.

성공할 때까지 계속되는 도전이 있을 뿐이다. 이런 사람은 결코 실패할 수가 없다. 단지 시간이 좀 더 걸릴 뿐 언제나 성공으로 향하는 외길을 걷고 있기 때문이다.

> **포기하고 주저앉지 않는 한 실패는 없다.**
> **실패는 또 다른 시작을 의미한다.**

실수도 재산이 된다는 것을 인식하라

1928년, 런던 세인트메리 병원 의과대학의 알렉산더 플레밍 교수는 어떤 병원균에 대한 실험을 하고 있었다. 그는 실험용 페트리 접시 위에 세균을 번식시킬 목적으로 접시 위의 배양기에 세균이 묻은 철사를 긋고 재빨리 뚜껑을 닫았다. 그러나 이 과정에서 공기 중의 페니실륨 곰팡이가 섞여 들어가 버려 실험은 실패해 버렸다.

다른 실험자라면 안타까워하며 페트리 접시를 폐기했겠지만 플레밍 교수는 여기서 특이한 점을 발견하였다. 곰팡이 주위의 세균이 모두 죽어 있었던 것이다. 분명 곰팡이가 세균을 죽이는 물질을 생성하는 것이라고 생각한 플레밍 교수는 곰팡이에 대한 연구를 계속하였고, 이것이 바로 오늘날 세계에서 널리 쓰이고 있는 항생제 페니실린의 탄생이었다.

실수는 때로 생각하지 못한 성공의 씨앗이 될 수 있다. 실수로 인하여 예상 밖의 결과가 나오고, 그 결과는 새로운 발전의 계기가 될 수 있기 때문이다.

항균 작용을 하는 페니실린 곰팡이가 우연하게 페트리 접시 안으로 들어간 것 역시 실수로 인해 아무도 생각하지 못한 결과가 일어난 것이다.

그러나 아무리 기회가 다가온다 하여도 '실수를 해 버렸다' 라는 실패감에 젖어 의기소침해 하거나 화를 낸다면 이런 기회를 잡을 수 없다. 이성을 잃은 사람의 눈에 실수의 결과물은 일초라도 빨리 제거해 버리고 싶은 흉물에 불과하다. 실수를 저질렀다는 부끄러움과 분노 때문에 어떤 진기한 현상도, 새로운 반응도 알아채지 못한 채 그대로 쓰레기통에 던져 버리게 되는 것이다.

플레밍 박사가 보통 사람과 다른 점은 이런 부끄러움과 분노 대신에 침착한 이성으로 실패한 세균배양 페트리 접시에서 일어나는 예사롭지 않은 변화를 알아차렸다는 점이다. 그의 침착함이 질병과의 전쟁에서 인류를 승리로 이끈 셈이니 그 작은 차이에서 얼마나 큰 결과가 나왔는지 알 수 있겠다.

물론 모든 실수가 새로운 발견의 소스가 되는 것은 아니다. 대부분의 실수는 예상치 못한 어떤 것이 되기보다는 미완성이 되거나 실패작이 되기 쉽다. 그러나 그렇더라도 실수의 가치는 변하지 않는다. 실수는 그 자체로 도전의 증거이기 때문이다.

일본의 혼다 소이치로 사장은 다음과 같이 이야기했다.

"많은 이들이 은퇴하면서 자기가 아무런 실수를 하지 않은 채 직장 생활을 마감한 것에 대해 자랑스럽게 생각한다. 하지만 나는 은퇴할 때 많은 실수를 저질렀지만 언제나 더 나아지려고 노력했다고 말하고 싶다. 실수를 저지르지 않은 사람은 그저 위에서 시키는 대로 일하는 사람이다. 그런 사람은 더 이상 혼다에 필요 없다."

실수를 저지른다는 것은 익숙하지 않은 일을 했다는 것이다. 익숙하지 않다는 것은 무언가 새로운 일이라는 것이다. 혼다 소이치로 사장은 바로 이 점을 지적하였다.

실수를 저지르지 않는 사람은 새로운 것을 시도하지 않은 사람이며, 이렇게 주어진 일만 하며 아무런 도전 없이 은퇴하는 사람보다는 실수를 저지르더라도 끊임없이 도전하는 사람이 낫다는 의미이다.

실수를 저질렀다면, 그것을 똑바로 바라보아라.

고개를 돌리고 덮어버린다면 당신은 결코 발전할 수 없다. 그 안에서 새로운 발견의 문을 여는 열쇠를 찾을 수도 있고, 쉽게 기를 수 없는 능력을 배양하는 좋은 훈련이 될 수도 있는 것이다.

> **≫ 실수를 외면하지 말고 그대로 마주보아라.**

실수와 실패를 재활용하는 방법을 익혀라

1. 혼자만의 전과기록을 만들지 마라

실패에 부딪치고 실수를 저질렀을 때 사람은 자연히 주위 사람들을 둘러본다. 누군가 나의 실수를 발견하지 않았을까? 어디서 나의 실수가 험담거리가 되지는 않을까? 누군가 나의 실패를 비웃고 있지 않을까? 사람들은 불안한 눈길로 사방을 살피며 걱정에 시달리기 시작한다.

그러나 많은 사람들은 실수와 실패에 대하여 지나치게 걱정한다. 실수와 실패는 생각만큼 치명적인 것이 아니다. 누군가 정말 치명적인 실수를 저질렀고 그 때문에 중요한 프로젝트가 실패로 돌아갔다고 가정해 보자. 그 사람은 큰 문책을 받을 것이며 자칫 직장을 잃을지도 모른다. 그러나 어떤 경우에도 실수와 실패의 기록이 그 사람의 미래를 가로막을 수는 없다. 그 사람은 단지 그 당시의 직업, 명성을 잃었을 뿐 그것이 앞으로 그 사람이 새 직업을 갖는 것을 막고 명성을 쌓는 것에 해가 되지는 않는다. 실수와 실패는 전과기록이 아니다.

때문에 '내가 그런 실수를 저질렀는데 이제 아무도 날 믿지 않을 거야'라든가 '한 번 실패한 나에게 그런 걸 맡길 리 없어' 같은 생각에 간혀 의기소침해 있으면 안 된다. 그것은 실수와 실패에 사로잡혀 삶을 망치는 것이다.

2. 원인을 분석하라

실수와 실패의 원인은 다양하다. 처음부터 계획이 잘못되었을 수도 있고, 역량이 부족했을 수도 있다. 태만이나 무책임과 같은 도덕적인 면에서 문제가 있었을 수도 있고 정말 모든 것이 완벽하게 진행되었으나 단지 운이 나빠서 실패했을 수도 있다.

중요한 것은 어떤 경우에도 반드시 그 원인을 분석해야 한다는 것이다. 내가 왜 이런 실수를 저질렀는가, 무엇이 잘못되어 실패했는가를 파고들어 집어내야 하는 것이다.

이것은 꽤나 고통스러운 작업일 수도 있다. 실수와 실패는 다시 헤집기에 그다지 유쾌한 경험은 아니다. 더욱이 그 원인이 태만이라든가, 역량 부족 같은 개인적인 것일 경우 원인 분석은 다름 아닌 자기비판의 시간이 되고 만다. 그러나 이것을 거치지 않으면 그보다 더 끔찍한 실수와 실패의 기억을 반복하게 된다. 원인 분석이 되어 있지 않아 무엇이 잘못 되어 있는지 모르니 같은 실수를 반복하고 같은 실패의 결과를 되풀이할 수밖에 없는 것이다.

3. 다시 일어나 도전하라

실수와 실패를 극복하는 최종 단계는 다시 도전하여 성공을 이끌어 내는 것이다.

아무리 심리적인 극복과 철저한 원인 분석이 되었다 하더라도 실제로 실수와 실패 때문에 잠시 보류해 두었던 성공을 얻어내 야만이 완전한 극복이 이루어진 것이다. 이 단계를 거치지 않으면 아무리 극복했다는 생각을 하더라도 '그래도 진짜 도전했다면 다시 실패했을지 몰라' 라는 두려움이 남게 된다. 이런 두려움을 없애는 유일한 방법은 다시 도전하여 스스로 성공하는 것이다.

실수와 실패는 분명 돌아보기에 괴로운 기억이지만 그렇다고 그것을 아예 돌아보지 않는다면 더 괴로운 과정을 반복하게 된다. 그러니 실수와 실패를 이용하여 발전을 모색하여라.

부정하고 싶겠지만 어차피 이미 실수하고 실패했던 과거는 지워지지 않는다. 그렇다면 그것을 역으로 활용하는 것이 삶을 위한 최고의 선택일 것이다.

장애물은 피하지 말고 넘어라

길 한가운데에 커다란 바위가 놓여 있었다.

어느 날 나그네 한 명이 길을 걷다가 그 바위를 보았다.

나그네는 길을 막고 있는 바위를 보고는 이렇게 말했다.

"이렇게 큰 바위가 길을 막고 있다니! 에이 여행을 계속하기는 글렀어."

그는 그렇게 낙심하여 고향으로 돌아갔다. 며칠 후, 다른 나그네 한 명이 또 그 바위를 보았다.

그 나그네는 바위를 보고 이렇게 말했다.

"이렇게 큰 바위가 있다니! 이 위에 올라가면 앞으로 어디로 가야 할지 잘 보이겠군!"

그는 곧바로 열심히 바위 위로 올라갔다.

바위 위로 올라간 나그네는 갈림길이 어디로 통하는지, 마을과

우물이 어디 있는지 한눈에 볼 수 있었다. 그리고 그는 바위에서 내려와 휘파람을 불며 여행을 계속하였다.

우리의 삶에 실수와 실패가 없을 수는 없다. 누구든지 크고 작은 실수와 실패를 경험하며 삶을 살게 된다.

삶의 여정을 길에 비유한다면 그 길 위에서 누구나 한 번쯤은 커다란 바위가 놓여 있는 것을 발견할 것이다. 그리고 누구든지 그 바위 앞에 멈춰 서서 그 거대함에 압도당할 때, 곧 너무나도 큰 실수와 실패를 겪을 때가 올 것이다.

당신은 어떻게 할 것인가? 바위의 거대함에 놀라 돌아갈 것인가, 아니면 우화의 한 나그네처럼 바위 위에 올라 앞으로 가야 할 길을 천천히 신중하게 둘러 볼 것인가?

인생의 길은 계속 걸어가야 한다. 삶의 길을 걷는 인간은 뒤로 돌아갈 집이 없다. 때문에 현명한 사람이라면 실수와 실패에 부딪치더라도 그것이 어차피 극복해야 할 것임을 알고 노력을 기울인다. 물론 그것에는 열정과 노력이 필요하다.

땀과 눈물 없이 실수와 실패를 딛고 일어설 수는 없는 것이다. 그러나 두려움에 바위 앞에 주저앉아 버린다면 결국 그만큼 여행길만 늦어지는 것이다.

어떤 삶을 살더라도 실수와 실패는 만나게 되어 있으며 또한 그것을 넘어서야 삶을 계속할 수 있다.

지금 만약 실수와 실패 때문에 좌절하고 있다면 그것이 삶의 당연한 운명이었으며 그것을 극복하지 않고서는 앞으로 나아갈 수 없다고 생각하라.

그것이 삶의 여행길을 떠나는 현명한 나그네의 선택이다.

> ≫ **실수와 실패는 언제든지 맞닥뜨리게 되며, 그리고 우리 는 마땅히 극복해야 한다.**

Success Point

▶ '내가 최선을 다한다면 일은 잘 해결될 것이다' 라는 긍정적인 생각을 갖고 살아가라.

▶ 당신이 좌절에 빠져 있을 때 위로해 줄 만한 친구들을 많이 사귀어 놓아라.

▶ 일을 할 때에는 언제든지 실패가 있을 수 있다. 실패 역시 일의 과정 중의 한 부분이라고 생각하라.

▶ 실수를 했을 때 언제나 그것의 원인을 꼼꼼하게 따져 보아라. 원인 분석을 함으로써 실수를 극복할 수 있을 뿐만 아니라 다시 똑같은 실수를 반복하지 않게 된다.

아침에 일어나 하고 싶은 일을 하고 잠자리에 들 수 있다면,
그 사람은 성공한 사람이다.
—밥 딜런

chapter

10

기본으로 돌아가라

1월 1일 아침에 찬물로 세수하면서 먹은 첫 마음으로 1년을 산다면. 학교에 입학하며 새 책을 앞에 놓고 하루 일과표를 짜던 영롱한 첫 마음으로 공부를 한다면. 사랑하는 사이가, 처음 눈이 맞던 날의 떨림으로 내내 계속된다면. 첫 출근하는 날, 신발 끈을 매면서 먹은 마음으로 직장일을 한다면. 아팠다가 병이 나은 날의, 상쾌한 공기 속의 감사한 마음으로 몸을 돌본다면. 세례 성사를 받던 날의 빈 마음으로 눈물을 글썽이며 교회에 다닌다면. 나는 너, 너는 나라며 화해하던 그 날의 일치가 가시지 않는다면. 여행을 떠나는 날, 차표를 끊던 가슴 뜀이 식지 않는다면. 이 사람은, 그 때가 언제이든지 늘 새 마음이기 때문에 바다로 향하는 냇물처럼 날마다가 새로우며, 깊어지며, 넓어진다.

— 정채봉, '첫마음'

첫 마음가짐으로 시작하라

초심初心이라는 말이 있다. 무슨 일을 시작할 때의 첫 마음가짐이라는 의미이다.

일을 시작하며 갖는 초심은 큰 포부와 뜨거운 열정으로 가득 차 있다. 정월 초하루의 마음가짐에서 그 한 해를 멋지게 보내려는 꿈을 발견하며, 입학식에서의 마음가짐은 보람찬 학창시절에 대한 다짐인 것이다.

그러나 처음 가졌던 마음가짐이 나중에까지 제 모습을 유지하는 것은 쉬운 일이 아니다.

상황의 변화에 따라, 예상하지 못했던 사건에 따라, 능력의 한계에 부딪쳐 처음 먹었던 마음은 점점 작게 오그라든다.

사실 현실적인 견지에서 보면 초기의 계획은 당연히 수정을 거칠 수밖에 없다. 그것은 앞으로 어떤 상황이 일어날지 모르고 자기 능력이 어떤 수준인지도 명확하지 않은 상태에서 그저 미래에 대한 희망과 열정만으로 선언된 것이다. 당연히 생각하지 못한 어려움 앞에서 애초의 목표는 축소될 수밖에 없다.

중요한 것은 초심을 잃지 않은 사람은 목표가 줄어들더라도 다음 기회에 초기의 목표를 향해 더 노력할 수 있다는 점이다. 그것은 목표의 달성이 일시적으로 연기되었을 뿐이다.

전교 1등을 하겠다는 마음가짐을 잃지 않은 학생이라면 비록 첫 번째 시험에서 전교 20등을 하더라도 더 노력에 노력을 기울여 결국 전교 1등을 하게 되는 것과 마찬가지이다.

첫 마음가짐은 꾸준하게 목표를 향하여 나아가게 하는 등대이자 이정표가 된다. 때문에 초심을 잃게 되면 당연히 빛을 잃고 혼돈 속에서 가야 할 방향을 잃게 되는 것이다.

훌륭한 정치로 조국을 부강하게 만들어 보겠다던 정치가가 초심을 잃으면 권력이나 부정한 재산 같은 잘못된 목표를 추구하게 되며 '열심히 일해서 업무의 최고 전문가가 되겠다'고 입사한 젊은이가 초심을 잃어버리게 되면 윗사람에게 아첨하여 출세만을 바라게 되는 것이다.

이것은 덫에 걸린 것과 같은 삶이다. '이게 아닌데'라고 생각하면서도 잘못된 목표를 향해 멈출 수가 없게 되는 것이다.

생의 방향은 너무도 분명한데 그 길을 걸으면 걸을수록 무언가 더 잃어간다는 느낌은 그것이 초심을 잃어버린 잘못된 길이기 때문이다.

초심은 당신이 진짜로 원하는 것이 뭔지를 알려 준다. 첫 마음가짐을 수시로 돌아보는 것은 진정한 삶의 소원을 이루기 위해 살아가고 있는가를 점검하는 과정이다.

초심을 잃어버린다면 그 사람은 아무리 성공적으로 눈앞의 목표를 달성해 나간다 하더라도 오히려 처음의 꿈에서 더 멀어지게 된다. 초심을 잃고 부패한 정치인은 공익에서 멀어져 사리사욕을 앞세우게 되고 출세를 위해 아부하는 회사원은 업무 관련 전문가가 되어 실력으로 인정받을 시간에 접대를 일삼게 되는 것이다.

늘 초심을 돌아보아라. 당신은 어떤 것을 꿈꾸고 어떤 것을 이루려 하였는가?

초심을 잃지 않고 노력을 거듭하는 사람은 언젠가 이루게 된다. 초심을 잃지 않는다는 것은 삶의 빛을 던져주는 등대를 갖고 있는 것과 마찬가지로, 언제나 분명하고 올바른 목표를 향해 나아갈 수 있기 때문이다.

> ≫ 현재 당신이 하고 있는 일은 처음에 꿈꾸었던 일인가?
> 만약 그렇지 않다면 지금도 늦지 않았다.
> 항상 초심을 돌아보아라.
> 초심은 진짜로 원하는 것이 무엇인지를 알려 준다.

새의 눈으로 해결책을 찾아라 | 훈수두기

바둑이나 장기를 두고 있을 때에 꼭 옆에 서서 훈수를 두는 사람이 있다. 이들의 훈수는 마치 절정에 이른 바둑 달인의 묘수처럼 막힌 상황을 한 번에 뚫어 주기도 하고 가망이 없는 게임을 때때로 뒤집기도 한다. 그런데 막상 훈수꾼들을 데려다가 직접 게임을 해 보면 그렇게 뛰어난 실력을 갖고 있지 않은 경우가 대부분이다.

그 이유는 단 한 가지, 한 발 뒤로 물러서 보면 의외로 쉽게 해결책이 보이기 때문이다.

훈수를 두듯 한 발 뒤로 물러서 보는 것은 일을 하다가 풀리지 않는 문제에 가로막힐 때에 좋은 해결책이 될 수 있다. 마치 미로 속에서 헤매고 있는 것과 같이 이리 가도 출구가 보이지 않고 저리 가도 막다른 길만 나오는 때가 있다. 이럴 때에는 한 발 뒤로 물러서서 문제의 전체를 조망해야 한다.

전체를 조망하는 것은 마치 새의 눈으로 날면서 미로를 내려다보듯 출구를 명확하게 보여준다.

지금 어디로 나가야 하는가, 나의 위치는 어디인가, 출구로 나가려면 어떤 길을 따라 어떻게 가야 하는가 ― 그 모든 것을 한눈에 볼 수 있기 때문이다.

그러나 문제를 조망한다는 것은 생각보다 쉬운 일이 아니다. 처음부터 문제의 외부에 있었던 사람이라면 쉽게 문제를 조망할 수 있으나 문제에 직접적으로 맞닥뜨린 사람에게 있어서 문제의 전체를 본다는 것은 결코 수월하지 않다.

1. 느긋하게 생각하라

새의 눈으로 문제를 바라보려면 일단 문제에 대하여 느긋한 생각을 가질 수 있어야 한다. 한 발 뒤로 물러선다는 것은 그만큼 여유를 가지고 관찰한다는 것이다.

마음이 급하여 이리저리 분주한 사람이 뭔가를 여유 있게 관찰한다는 것은 불가능하다.

오직 여유를 가진 사람만이 문제를 조망할 수 있는 것이다.

2. 이해관계에서 물러서라

문제를 조망하려면 또한 개인적인 이해관계를 떠나 생각할 수 있어야 한다. 이해관계를 적용하게 되면 객관적인 관찰이 불가능해진다. '일단 손해 보지 말자'는 생각을 하게 되기 때문이다.

손해를 피하고 이익을 좇게 되면 오로지 그것에 주의가 쏠려 거시적이고 장기적인 계획이 불가능해진다. 때로는 살을 주고 뼈를 취하는 큰 전략이 필요한 순간에도 단기적인 손익에 급급하게 되는 것이다.

3. 문제를 파악하라

문제를 일으키고 있는 것이 무엇인지를 잘 알고 있어야 한다. 상대방이 무엇을 원하고 있는가, 어떤 부분에서 갈등이 일어나고 있는가, 어떤 조건을 충족시켜야 문제가 해결되는가를 알아야 하는 것이다. 이런 정보가 없으면 아무리 큰 그림을 보아도 해결책은 나오지 않는다.

바둑에는 '10급이 초단이 되려면 훈수를 두어 봐야 한다'는 말이 있다. 훈수를 둠으로써 판을 거시적으로 보는 능력이 갖추어진다는 것이다. 그리고 이 능력을 길러 직접 바둑을 두면서도 승부를 조망할 수 있어야 1단이 될 수 있다는 이야기이다.

문제 해결능력도 똑같이 자주 거시적으로 조망을 해 보는 습관을 길러야 한다. 한 발 뒤로 물러서는 것에 능숙해지면 언제나 냉철하고 객관적으로 해결의 실마리를 찾게 되는 것이다.

> ≫ 거시적으로 문제를 관찰하면 해결책을 발견할 수 있다.
> 천천히 문제를 파악하라.
> 갈등의 원인이 무엇인지 정확히 파악하라.

처음부터 다시 시작해야 할 때도 있다 | 포맷정신

컴퓨터를 잘 아는 사람들에게 '컴퓨터를 고칠 때 가장 확실하게 고치는 방법이 무엇입니까?' 라고 물으면 그들은 이구동성으로 '포맷' 이라고 대답할 것이다. 잘 알다시피 포맷은 컴퓨터 안에 들어 있는 모든 정보를 삭제하고 초기 상태로 되돌리는 것이다. 데이터가 많으면 많을수록 문제를 일으킬 소지가 많아지기 때문에 어떻게 해도 컴퓨터의 고장이 수리되지 않을 때에는 차라리 모든 데이터를 없애고 처음부터 다시 시작하는 것이 확실한 해결책이 되는 것이다.

때때로 이제까지 해 왔던 모든 것을 무無로 되돌리고 처음부터 다시 시작하는 것이 문제의 해결을 불러올 수 있다.

처음 시작할 때부터 문제가 발생했지만 모른 채로 지내 오다가 나중에서야 문제를 발견하고 수정을 해 보려 하지만 이미 선택의 폭은 좁아져 버린 상황이 발생하는 것이다. 이럴 때에는 아예 처음부터 다시 시작하여 초기의 오류를 바로잡는 것이 해결책이 될 수 있다.

물론 이것은 다소 우악스러운 방법이다. 그러나 이제까지 해 놓은 것이 아깝다고 하여서 완성을 미루는 것은 어리석은 선택이다. 과정은 결과를 위해 존재한다.

지금까지 이루어 온 것이 아무리 훌륭한 것이라 하더라도 그것이 궁극적인 일의 완성을 방해하는 치명적인 문제를 발생시킨다면, 그리고 유일한 해결책이 모든 것을 취소하고 처음부터 다시 시작하는 것이라면 과감하게 실천에 옮겨야 하는 것이다.

버려야 할 때 버리지 못하고 손에 무언가를 계속 쥐려고 한다면 결코 앞으로 나아가지 못한다. 이보 전진을 위하여 일보 후퇴가 필요한 때도 있는 것이다.

필요하다고 생각되면 과감하게 처음부터 다시 시작하는 포맷정신이 있는 사람만이 발전을 이끌어갈 수 있다.

> **≫ 이도저도 안 될 때에는 처음부터 다시 시작해 보라.**
> **포맷정신을 생각할 줄 아는 자만이 발전할 수 있다.**

풀리지 않으면 잘라라 ┃ 고르디우스의 매듭

　　고대 그리스의 프리지아 지방에 고르디우스라는 왕이 있었다. 그는 내란을 수습한 공으로 왕으로 추대되었는데, 이 때 그가 타던 마차는 기념으로 신전에 묶어 두게 되었다. 그런데 그 매듭은 너무 복잡하게 꼬여 있었다. 하도 복잡하게 꼬여서 '이 매듭을 푸는 사람이 아시아의 지배자가 될 것'이라는 신탁이 내려올 정도였다.

　　시간이 지나 마케도니아의 알렉산더 대왕이 원정길에 올라 프리지아의 신전에 들르게 되었다. 알렉산더 대왕은 고르디아의 매듭에 얽힌 신탁을 듣더니 코웃음을 치며 말했다.

　　"그렇다면 지금 이것을 풀고 내가 아시아의 지배자가 되겠다!"

　　알렉산더 대왕은 말을 마치기 무섭게 칼을 휘둘러 매듭을 끊어 버렸다. 그리고 정말 신탁대로 알렉산더 대왕은 아시아 대륙을 아우르는 대제국을 건설하였다.

　　때때로 문제가 너무나도 복잡하여 손도 댈 수 없을 때가 있다. 이 쪽부터 해결하자니 저 쪽이 걸리고, 저 쪽에 손을 대려면 다시 이 쪽이 망가져 꼼짝도 못 하게 되는 것이다.

지혜를 모아 아무런 피해 없이 이렇게 꼬여 있는 문제를 해결할 수 있다면 그것은 최고로 이상적인 방법이다. 그러나 대개의 경우 이런 문제들은 아무리 지혜를 모아도 해결책이 보이지 않으며, 오히려 고민에 고민을 거듭하는 시간만 늘어나게 된다.

이럴 때는 알렉산더 대왕처럼 과감하게 매듭을 잘라버리는 대담함이 필요하다. 즉 다소 오해가 생기고 얼마간의 피해를 감수하더라도 대담하게 난제를 격파해 나가는 것이다.

'문제를 해결하는 과정에서 피해를 입는다면 그것이 무슨 해결이냐' 라고 반문할 수 있다. 그러나 시간도 돈이나 인력과 같은 자원 중의 하나임을 간과해서는 안 된다.

복잡한 문제의 해결책을 찾기 위해 고민하는 시간이 길어진다면 그만큼 자원을 사용한 셈이다. 이것이 늦어져 너무 많은 시간이 지나 버린다면, 그래서 대담하게 문제를 해결했을 때 감수해야 하는 피해보다 더 큰 시간적 피해를 본다면 그것은 어리석은 선택일 것이다.

또한 대담하고 거침없는 해결책은 그 안에 넓은 포용과 자기 희생을 요구한다는 점에서 또 다른 메리트를 가진다.

누구나 시원시원하게 일처리하는 것을 좋아한다. 대담하게

'내가 책임지겠다' 라고 나서는 사람이라면 사람들은 쉽게 신뢰를 주고 일을 맡기게 마련이다. 이런 태도는 '다소 손해를 보고 힘들더라도 업무를 위해서 내가 희생하겠다' 라는 포용력과 희생정신을 느끼게 하기 때문이다.

살면서 마주치게 되는 모든 문제를 깔끔하게 해결할 수는 없다. 때로는 어느 정도의 피해를 감수하고서라도 다소 거칠고 대담한 해결책을 찾아야 할 때도 있는 것이다.

'고르디우스의 매듭을 푼 자가 아시아의 지배자가 될 것' 이라는 신탁은 이처럼 대담하게 문제를 해결할 줄 아는 사람이 성공할 것이라는 의미가 될 수도 있다는 것이다.

> **≫ 복잡하게 꼬인 문제는 대담하게 해결하라.**

Success Point

▶ 당신이 일을 시작하면서 품었던 생각을 잘 보이는 곳에 기록해 두어라.

▶ 업무가 정체되어 있다면 모든 것을 멈추고 거리를 벌려 관찰해 보아라. 무언가 거시적인 문제가 있을 수도 있다.

▶ 이제까지 해 온 것이 아까워 도저히 처음부터 시작하지 못하겠다면 차라리 '이것은 내가 이제까지 해 온 일이 아니라 아예 새로운 일이다'라고 생각하라.

▶ 떳떳하게 최선을 다하여 일했다면 두려워할 것이 없다. 대담한 배짱으로 밀고 나아가야 할 때도 있다.

젊은이여, 자기 자신을 무력하다고 생각하여 절망의 구렁텅이로 빠지는 일이 없도록 하라. 자기 스스로 무력하다고 생각하지 않는 한, 인간은 어느 누구도 무력하지 않는 법이다.

—펄벅

조언자를 만들어라

"내가 천하를 얻은 것은 단지 사람을 적재적소에 잘 기용했기 때문이오. 장막 안에서
계책을 세워 천리 밖에서 승리를 거두게 하는 데 있어 나는 장량만 못하오. 국가의 안
녕을 도모하고 백성을 사랑하며 군대의 양식을 대주는 데 있어 나는 소하만 못하오.
백만대군을 이끌고 나아가 싸우면 이기고 공격하면 반드시 **빼앗는** 데 있어 나는 한신
만 못하오. 이 세 사람은 일세에 한 번 나는 드문 인걸들이오. 나는 이들을 얻어 그들
의 능력을 잘 발휘하도록 해 준 것뿐이오.

— 한고조 유방

제너럴리스트의 가치를 파악하라

흔히들 '자문을 구한다' 라고 하면 전문가에게 찾아가 모자라는 지식을 보충하는 것을 상상하기 쉽다. 그러나 인터넷의 보급으로 전문적인 지식에의 접근이 쉬워지면서 새로운 형태의 '자문' 이 부각되고 있다. 그것은 전문 지식에 대한 것이 아니라 현실을 파악하고 비전을 제시하는 통찰과 지혜에 대한 조언이다.

전문가가 한 가지 분야에 정통한 스페셜리스트*Specialist*라면 조언자는 여러 가지 분야를 두루 알고 있는 제너럴리스트*Generalist*이다. 조언자가 가진 지식의 깊이는 전문가보다 못하다. 그러나 조언자의 강점은 지식에 있는 것이 아니다. 조언자의 강점은 새로운 관점과 신선한 사고이다.

조언자가 필요한 이유는 문제 상황을 해석하는 통찰력과 새로운 각도에서 문제를 볼 수 있는 감각을 가지고 있기 때문이다. 전문가가 일을 시작하기 이전 탐색활동에서 활약한다면 조언자는 일의 시작부터 끝까지의 모든 과정에 참여하며 추진과정과 방법, 장애 해결에 대해서 도움을 준다.

조언자를 구하는 것은 생각보다 어려운 일이 아니다. 누구나 조언자가 될 자질을 갖고 있기 때문이다. 업무 분야와 당면 과제에 대하여 다른 시각을 가지고 창조적인 대안을 제공할 수 있다면 바로 그 사람이 조언자인 것이다.

또한 당신도 그 누군가에게 훌륭한 조언자가 될 수 있다. 또한 지금 당신의 곁에도 숨은 조언자들이 많이 있다. 그들의 가치를 알아보고 적극적으로 활용하는 것은 당신의 노력에 달려 있다. 조언자들을 활용하여 업무의 발전을 꾀하고 가로막힌 문제를 해결하라.

> **≫ 조언자의 가치를 발견하고 활용하라.**

숨어 있는 조언자 1 | 가족

대개의 경우 가족은 업무에 대하여 거의 문외한인 경우가 많다. 때문에 가족에게 조언을 구한다는 것은 때때로 어불성설일 수도 있다. 그러나 가족이 주는 조언에서 얻어야 할 것은 그들이 업무에 얼마나 도움을 줄 수가 있느냐가 아니라 지금 당신 자신에 대하여 얼마나 종합적으로 바라보고 평가하고 인정하고 있는 가이다.

가족은 생활을 함께하는 사람들이다. 문제에 부딪쳤을 때 당신이 어떤 반응을 보이는가, 스트레스에 어떻게 대처하며 어떤 식으로 문제를 해결하는가에 대하여 가장 잘 알고 있는 것이다. 비록 가족이 문제가 무엇이고 그 해결법이 무엇인지 알 수는 없으나 그 대신에 당신이 어떤 상태이고 어떻게 변했는지 가장 잘 알 수 있다는 것이다.

혹시 가족들로부터 '힘들어 보인다' 라든가, '초조해 보인다' 와 같은 말을 듣지는 않았는가? 그것이 바로 지금 당신의 모습이다. 지치고 초조한 상태로는 결코 문제의 돌파구를 찾을 수 없다. 이럴 때에는 과감하게 기분전환을 하고 재충전을 해야 한다.

가족은 당신의 상태를 점검해 주는 바로미터이자 온도계와도 같은 것이다.

가족의 또 다른 메리트는 그것이 여러 연령대로 이루어진 집단이라는 것이다. 연령대가 다르다는 것은 각 세대가 가진 장점을 모을 수 있다는 의미이다. 부모님으로부터 경험과 지혜를 빌리고 자녀들로부터 신세대적인 감각과 신기술에 대한 정보를 얻을 수 있다. 이 모든 것을 매일 함께 모이는 식사 자리에서 해결할 수 있다는 것은 무시하지 못할 메리트가 된다. '가족이 이런 일에 대하여 뭘 알겠어?' 라는 생각으로 자신의 고민을 꾹 참고 숨긴다면 지금 어른들의 지혜와 젊은이들의 감각에서 나오는 조언을 날려버리고 있는지도 모르는 것이다.

가족은 물론 업무 파트너가 아니다. 그러나 가족은 업무의 좋은 조언자가 충분히 될 수 있다. 아침과 저녁 식사를 가족과 함께 하면서 자연스럽게 조언을 구하라. 번뜩이는 해결책은 의외로 가까운 곳에 있을 수도 있다.

> **≫ 가족을 조언자로 활용하라.**

숨어 있는 조언자 2 ㅣ 독서

'책이 문제를 해결해 줄 것이다'라는 말은 사실 틀린 말이다. 책은 문제가 터지기 전에 써진 것이다. 때문에 그 안에 적시성 있는 문제 해결의 답이 들어 있지는 않다. 전자제품이 망가졌을 때 사용설명서를 참조하는 경우를 제외하면, 문제가 터졌을 때 한가롭게 책을 보고 답을 찾으려 한다는 것은 결코 좋은 선택이 아니다.

그러나 일상생활의 독서는 문제가 발생했을 때 그것을 스스로 해결하는 능력을 길러 준다. 책에는 사물을 해석하는 시각이 들어 있다. 책에는 상황을 달리 인식하는 아이디어가 들어 있다. 또 책에는 문제의 본질을 꿰뚫는 통찰력도 들어 있다. 이런 것들은 문제에 부딪혔을 때 '해결책을 찾으려면 어디를 봐야 한다'라는 것을 알려 주는 좋은 소스가 된다.

책을 읽지 않는 사람은 아무리 능력이 훌륭하다 하더라도 문제에 부딪히면 대체로 어디서부터 손을 댈지 몰라 당황하는 반면 책을 많이 읽는 사람은 침착하게 문제를 해부하고 차근차근 해결해 나가는 것이다.

또한 책을 통한 간접경험 역시 문제 해결의 길잡이가 될 수 있다. 소크라테스는 '남의 책을 읽는 데 시간을 보내라. 남이 고생한 것에 의해 쉽게 자기를 개선할 수 있다' 고 말했다.

다른 사람의 실패 경험담, 극복기, 성공기 같은 것을 읽으면 비슷한 상황에서 어떻게 대처해야 하는지 알 수 있다. 요즈음 한창 유행하는 처세·자기계발 도서나 성공에 대한 가이드북은 책의 이런 효과를 노린 것이라 할 수 있다.

생활 속에서 늘 책을 가까이 하라. 책에서 훌륭한 인간으로의 덕목을 배우고 지혜와 통찰력, 경험을 얻는 것이다. 책은 죽어 있는 종이로 된 물건이 아니라 살아 숨 쉬는 조언자이다. 책을 읽는 것은 자신의 능력을 기르는 좋은 인생의 투자가 되는 것이다.

> **≫ 책은 좋은 훌륭한 조언자이다.**

숨어 있는 조언자 3 ㅣ 뉴스

누구나 언제 어디서 뉴스를 본다. 뉴스는 어디에나 있다. TV

를 켜면 아침저녁으로 뉴스를 방영해 주고 길거리와 지하철역 곳곳에서 신문을 팔거나 심지어는 공짜로 나눠 주기도 한다. 핸드폰으로도 뉴스를 볼 수 있으며 전국에 촘촘하게 깔린 인터넷 망을 통하면 언제나 생생한 동영상과 그림으로도 뉴스를 감상할 수 있다. 그야말로 정보의 홍수라는 말이 그대로 느껴질 정도이다.

그러나 뉴스를 조언자로 활용하는 사람은 많지 않다. 마치 튜브를 타고 겉에서 둥둥 떠다니는 것처럼 많은 사람들이 정보의 바다의 표면에서 단지 표류할 뿐이다. 그들은 뉴스를 보고 듣지만 그것을 결코 업무에 이용하여 발전할 줄을 모른다. 그저 뉴스는 세상 돌아가는 이야기이고 집에서 저녁을 먹은 뒤 소파에 누워 멍하니 쳐다보는 프로그램일 뿐, 그것에서 발전의 플러스 요소를 찾지 못하는 것이다.

뉴스를 조언자로 이용하는 사람은 아무리 바다 건너의 먼 이야기라 하더라도, 아무리 사소한 작은 소식이라 하더라도 이것이 나의 업무에 어떻게 영향을 미칠 것인가에 집중하고 적극적으로 그것의 추이를 관찰한다.

사실 세상에서 일어나는 갖가지 사건들은 크고 작은 여러 가지 형태로 업무에 보이지 않는 영향을 주게 된다.

　　얼마 전 삼성이 새로 개발한 플래시 메모리를 예로 들어 보자. 만약 당신이 이어폰을 제조하고 있는 중소기업의 사장이라면 자칫 '이어폰 만드는 데에 플래시 메모리가 무슨 상관이람?' 이라고 하며 지나쳐 버릴 수도 있다. 그러나 삼성이 새로운 플래시 메모리를 개발한 것은 당신의 사업에 청신호가 될지도 모르는 뉴스이다. 삼성의 새로운 플래시 메모리는 MP3 플레이어의 성능을 향상시켜 MP3플레이어의 매출을 늘릴 것이다. 그것은 MP3 제품에 서비스로 포함되는 이어폰 수요의 증가를 의미한다. 만약 이 관계를 알아채지 못하고 그냥 평소의 생산량을 유지한다면 당신은 늘어난 주문량을 감당하지 못하고 경쟁업체에 계약을 빼앗겨 버릴 수도 있다.

　　뉴스를 조언자로 활용하지 않고 그저 발명에 대한 이야깃거리 정도로 흘려버렸기 때문에 막대한 이윤을 벌어들일 기회를 놓친 것이다.

　　그렇다면 어떻게 뉴스를 조언자로 활용할 것인가? 그것은 첫째, 뉴스를 꼼꼼하게 살펴보고 그 다음으로 연관되는 상황의 고리를 풍부하게 이어나가는 것이 필요하다.

뉴스에 관심을 가진다는 것은 어려운 일이 아니다. 세상의 모든 사건이 나와 연관되어 있다는 민감한 감각으로 하나하나의 뉴스에 대해 곰곰이 따져 보면 되는 것이다. 문제는 그것이 자신의 업무에 어떤 관련이 있고 어떤 영향을 줄 수 있는가 하는 '상황의 고리'를 이어나가는 능력이다.

일본에는 '바람이 불면 통 장수가 돈을 번다'라는 속담이 있다. 바람이 불면 모래가 날려 눈에 들어가 장님이 되는 사람이 많아지고, 장님이 많아지면 그들이 생계를 위해 악기를 연주하게 되니 악기가 필요하게 된다. 악기는 고양이 가죽으로 만들게 되니 고양이가 줄어들고 이것 때문에 쥐가 많아져 통을 갉아서 없애고 새로 통을 사야 되기 때문에 통 장수가 돈을 번다는 것이다.

처음과 끝만 보면 말도 안 되는 억지 같지만 사실 그 안에는 하나의 상황이 또 다른 상황을 낳는 고리로 연결되어 있는 것이다. 바로 이것이 '고리 연결하기' 능력이다.

뉴스가 던져주는 정보는 새로운 하나의 상황이다. 그것은 어떻게 고리를 연결하여 당신의 업무에까지 손을 뻗어올지 아무도 모른다. 그렇기 때문에 당신은 늘 뉴스와 가까이 하며 그것을 조언자로 이용하고 활용해야 한다. 뉴스를 접하면 그것이 어떤 상황을 낳을 것인지, 그것이 어떻게 변해 갈지 곰곰이 따져 보아라. 어느 새 뉴스가 말해주는 발전과 성공의 힌트가 들리기 시작할 것이다.

> » 뉴스는 단순히 보고 잊어버리는 것이 아니다.
> 그것은 성공으로의 길을 알려 주는 중요한 조언이다.

숨어 있는 조언자 4 ㅣ 경쟁자

경쟁자가 있다는 것은 반가워해야 할 일이다. 당신의 약점을 목숨 걸고 연구해주는 누군가가 있다는 이야기이기 때문이다. 경쟁자가 있음으로 하여 위기에 처하고 심지어 방해를 받을지도 모른다. 경쟁자는 당신을 제압하고 우위를 점하기 위해 끊임없이 당신의 약점을 파고들게 된다. 이것은 반대로 생각하면, 상대방이 집중적으로 공략하는 곳이 당신이 보완해야 할 곳이라는 의미이다.

물론 당신은 경쟁자 때문에 패배할 수도 있고 성공의 기회를 놓칠 수도 있다. 그러나 그것은 한 번의 패배와 한 번의 상실일 뿐 영구적인 것은 아니다. 그저 수업료를 지불하고 당신의 약점에 대하여 코치 받았다고 생각하면 되는 것이다. 경쟁자를 방해물로 두지 않고 조언자로 두게 되면 이런 상호작용을 통하여 자신의 약점을 보완하고 연구하며 발전해 나가는 공동 발전을 이룰 수 있게 된다.

또한 경쟁자는 당신을 항상 깨어 있게 한다. 경쟁자가 있음으로 하여 당신은 긴장하게 된다. 설령 당신이 승리와 성공을 이루더라고 당신의 경쟁자 역시 약점을 보완하여 다시 도전해 올 것이기 때문에 당신은 발전을 게을리 하지 않게 된다. 단지 부지런한 경쟁자가 있다는 사실만으로 당신은 끊임없이 연구하고 발전하라는 무언의 조언을 받게 되는 것이다.

사실 이러한 경쟁자의 가치는 현재 세계의 경제 · 경영 분야를 지배하고 있는 신자유주의의 핵심적인 요소이다. 신자유주의가 내세우는 주요 논리 중의 하나가 '경쟁을 통한 상호 발전'인 것은 그만큼 경쟁자가 있어야 발전을 이룰 수 있음을 의미하는 것이다.

경쟁자는 극복해야 할 대상이지만 제거해서 아주 없앤다거나 처음부터 경쟁자가 존재하지 않는다면 그것은 바람직하지 못하다. 경쟁자가 없는 기업이나 개인은 거북이와 달리기 경주를 한 토끼와도 같다. 자만에 빠져 있는 경쟁의 한가운데에서 잠들어 버린 토끼처럼 긴장이 풀려 계속되는 발전의 사이클을 놓아버리게 되는 것이다.

경쟁자를 이용하라. 경쟁자는 당신의 약점이 무엇인가 알려주며 동시에 당신을 끊임없이 달리게 한다. 경쟁자는 한 단계 더 높은 수준의 성공을 위한 조언을 해 주고 있는 것이다.

> **≫ 경쟁자도 조언자로 활용할 수 있어야 한다.**

찾아나서라. 그럼 얻을 것이다

중국을 통일한 유방에게는 천재 군사 한신과 명재상 '소하'가 있었고 삼국지의 유비에게는 그 유명한 제갈공명이 있었다.

프랑스의 태양왕 루이 14세 옆에는 명 추기경 리슐리외가 있었으며 엘리자베스 여왕을 보필한 것은 대철학자 프랜시스 베이컨이었다. 다시 말해 위대한 지도자들은 모두 훌륭한 조언자를 갖고 있었던 것이다.

이런 지도자와 조언자의 관계에서 발견되는 한 가지 공통점은 모두 지도자 쪽에서 조언자를 찾아 나섰다는 것이다. 유방이 한신에게 관직을 주었을 때, 한신은 유방의 적수였던 항우 밑에서 말단 관리로 일하다가 사표를 내고 떠돌아다니던 상태였다. 유비는 제갈공명에게 자신의 군대를 맡기기 위해 무려 세 번이나 먼 길을 오가며 자신을 위해 일해 달라고 부탁을 해야 했다.

이것은 현대 사회에 맞게 뒤집어 보면, 반드시 어떤 조직이나 단체의 장 같은 사람이 아니더라도 훌륭한 조언자를 얼마든지 구할 수 있다는 것을 의미한다. 보통 사람도 찾아 나서는 노력에 달렸다는 것이다. 사실 가족이나, 책이나, 뉴스 같은 일상생활에서 쉽게 접할 수 있는 것들도 좋은 조언자가 될 수 있기 때문에 '찾아나서는' 노력의 효과는 더욱 배가된다고 할 수 있다.

누군가의 도움말이 절실히 필요한데 그 순간에 아무도 없다면 그것은 당신의 잘못이다. 알다시피 조언자는 스스로 찾아와서 조언을 해 주지 않는다. 도움을 요청하는 사람만이 조언을 얻게 되는 것이다. 당신의 문제에 대하여 숨기지 말고 탁 터놓아라. 분명 생각지 못한 누군가가 해결의 열쇠를 던져 줄 것이다.

≫ 조언자가 나타나기를 기다리지 말고 먼저 찾아 나서라.

Success Point

▶ 가족과 식사를 함께 하라. 그리고 업무적인 문제라 하더라도 솔직히 밝히고 공감하고 조언을 구하라.

▶ 책을 손에서 놓지 마라. 자투리 시간을 이용하여 책을 읽고, 하루에 30분 이상은 반드시 독서하는 시간을 가져라.

▶ 언제나 뉴스에 접해 있어라. 신문, 라디오, DMB 방송, 핸드폰 정보 서비스 등 주위의 모든 미디어를 이용하라.

▶ 경쟁 회사의 제품이나 동료의 업무 스타일을 관찰하라. 그것은 당신의 약점을 연구하여 얻어 낸 산물일 가능성이 높다.

어떤 일을 할 때 이런 일은 도저히 불가능하다고 믿고 시작하는 것은 그것을
제 자신이 불가능하게 만드는 수단이다.
― 존 워너메이커

당장 시작하라

어제는 역사이고, 내일은 미스테리이며, 오늘은 선물이다.

— 더글러스 대프트, 코카콜라 CEO 신년 메시지

모험을 두려워하지 말라

영어가 단순한 외국어가 아니라 필수적인 능력이 된 지금 영어를 배우자는 열기는 뜨겁다. 유명 영어강의는 수강생이 들어 차 있고 영어 학습 교재는 불티나게 팔려 나가고 있다. 그런데 아무리 열심히 공부를 한다고 하여도 넘기 힘든 벽이 있다. 그것은 회화이다. 언어를 공부하는 것이니만큼 궁극적인 목표는 잘 읽고 잘 듣고 잘 말하는 것인데, 말하는 것만큼은 혼자 아무리 연구한다고 한들 마음대로 되지 않는 것이다. 물론 회화도 학원 강의가 있고, 학습 교재도 여러 종류가 있다. 그러나 이런 것들보다 효과적인 회화 공부 방법은 바로 미국이나 영국 같은 영어권 국가로 가서 살아보는 것이다.

영어를 한 마디도 못 한다고 하여서 미국 사람과 의사소통이 불가능한 것은 아니다.

실제로 미국뿐만 아니라 프랑스, 독일 등 기초 회화조차 불가능한 나라에 가도 약간의 불편함만을 감수한다면 문제없이 여행을 즐길 수가 있다. '무조건 떠나 보자' 는 식의 무모함도 충분히 통한다는 것이다.

'일단 해 보자' 라는 사고방식은 무모해보일 수도 있으나 의외로 유용하다. 그것은 과잉준비성의 오류를 방지해줄 수 있다. '과잉준비성의 오류' 라는 것은, 어떤 일을 하기 전에 지나치게 준비하고 걱정만 앞세우다가 결국 지나치게 준비를 했음에도 준비가 부족하다고 여겨 그만둬 버리는 것을 이야기한다.

실패를 극도로 두려워하여 어떤 일이 실패할 가능성이 단 몇 퍼센트라도 보이면 그만두어 버리는 사람들이 이런 유형이다.

이런 유형의 사람들은 일을 적극적으로 추진하지 않는다. '돌다리도 두들겨 보고 건넌다' 라는 속담에서 더 나아가 돌다리를 발로 차보고 망치로 때려 보다가 결국 위험해서 못 건너겠다는 식이다. 물론 안전하게 일을 처리하기 때문에 이 사람들이 맡은 일은 대부분의 경우 성공한다. 그러나 이런 사람들에게서 혁신과 발전을 찾아보기는 힘들다. 모험을 하지 않기 때문이다. 이 사람들의 경력은 성공의 기록들로 가득 채워지겠지만 그 속을 파헤쳐 보면 소심함과 두려움으로 가득 차 있을 수도 있다.

이런 사람들은 백범 김구 선생의 한학 스승인 고능선 선생이 김구 선생에게 가르친 말을 되새겨 보아야 한다.

得樹攀枝不足竒 득수반지부족기
懸崖撒手丈夫兒 현애철수장부아
나무에 올라가 가지 끝에 서는 것은
별로 기특할 것이 없도다.
낭떠러지에서 손을 놓는 것이
참으로 대장부이기 때문에.

어떤 일이든지 준비 없이 덤빈다는 것은 위험한 일이다. 무모하게 의욕만 앞서서 덤비는 것은 실패를 불러들이는 것이나 마찬가지이다. 그러나 지나치게 준비하고 실행하지 않는 것은 더 나쁘다.

덤벼 보고 실패한 사람은 다음 차례에 부족한 점을 보완하여 점차 성공에 가까워지겠지만 준비만 해 놓고 실행하지 않는 사

람은 영원히 준비 단계에 그쳐 버리기 때문이다. '더 이상 준비
할 것이 없다'라고 생각되면, 과감하게 일을 시작해야 한다. 준
비하는 데 쓰는 시간과 에너지는 지금 당장 일을 추진하는 데에
도 쓰일 수 있다.

> ≫ 당신도 준비만 하며 망설이고 있는가.
> 고민하지 말고 일단 시작하라.

이제 12월 31일의 연극은 멈추어라

언제나 12월 31일 자정에는 수많은 새해의 결심과 각오가 등
장한다.

담배를 끊자, 살을 빼자, 성적을 올리자, 돈을 모으자…… 마
치 12월 31일 오후 11시 59분을 위해 대본을 쓰기라도 하 듯 사람
들은 저마다 간절한 소망을 담아 새로운 한 해를 이렇게 살자고
굳게 다짐한다.

그러나 굳게 마음먹었던 각오들은 어느새 서서히 작심삼일이

되어 간다. 금연을 다짐했던 사람은 언제 그랬냐는 듯이 손에 연기를 피워 올리는 꽁초를 끼고 있고, 살을 빼자고 주먹을 꼭 쥐었던 사람은 한순간 기름진 음식과 달콤한 음료에 파묻혀 있는 자신을 발견하곤 한다.

12월 31일의 맹세는 모두 연극이었다는 것처럼 사람들은 작년과 똑같은 새해를 맞이한다.

왜일까? 그것은 이미 12월 31일에 각오를 다지는 그 순간 작심삼일의 운명을 타고났기 때문이다. 왜 하필 12월 31일에 몰아서 미래의 각오를 하는가? 금연이나 체중감량이나 성적향상 같은 각오들이 일제히 12월 31일 밤에 생각났을 리는 없다. 그것은 더 오래 전부터 '이럴 필요가 있다'라고 느껴 왔던 것을 단지 유예시켜 놓았다가 12월 31일 다시 꺼내 놓은 것이다. 문제는 그 '유예'라는 데에 있다.

만약 담배를 끊어야겠다고 생각한 것이 11월 15일이라면 대체 왜 한 달 보름 동안이나 자신의 생각과는 다르게 담배를 피운 것일까?

무언가 해야겠다고 마음먹었으면 그것을 바로 시작해야 한다.

12월 31일이라든가 1월 1일 같은 상징적인 날짜는 단지 다짐에 약간 더 의미를 부여하는 것일 뿐 그것이 굉장한 효력을 발휘하는 것이 아니다. 그런데도 굳이 다짐을 유예해가며 한 해의 마지막 날에 어떤 결심을 한다는 것은 그 속에 이미 '사실 이 결심대로 하고 싶지는 않다' 라는 생각을 깔고 있는 것이다.

> **≫ 마음먹은 그 때 시작하라.**
> **준비로 시작해서 허망하게 끝맺는 일을 반복하지 말아라.**

프로토타이핑 | 처음부터 완전한 것은 없다

프로토타이핑이란 개발자들과 사용자들의 의사소통상의 효과를 증진시키기 위하여 취하는 시스템 개발 기법이다.

프로토타이핑 기법을 수행할 때 중요한 점은 개발자와 사용자 간의 상호이해 및 지식교환을 위한 작업이라는 점을 명심해야 한다. 일반적인 분석방법을 취할 경우 양자 간에 서로 다른 이해를 가져올 수 있으므로 프로토 타입이라는 의사소통도구를 만들자는 것이다.

프로토타이핑은 완제품이 나오기 전에 사용자의 반응을 살펴보기 위해 '만들어 보는' 제품이다. 프로토타이핑은 원래 컴퓨터 개발 분야에서 이용되는 기법이지만 이것은 얼마든지 다른 분야에서도 응용할 수 있다. 그것은 시행착오에 대한 교훈이다.

무슨 일이든 처음부터 완성품을 만들 수는 없다. 완성이라는 것은 무수한 시행착오의 결과이다. 때문에 처음부터 '완성작을 만들자'는 마음으로 시작하면 진행은 더뎌지게 되고 그렇다고 그것으로 완성작을 만들 수 있는 것도 아니다. 언제나 진행상 예상치 못했던 요소는 반드시 존재하는 것이다.

스스로를 바꿔 나가는 자기 혁신의 과정도 마찬가지이다. 처음부터 '나는 이것도 고치고 저것도 보완하여 내가 꿈꾸는 이상적인 사람이 되겠다'라고 욕심을 부리면 오히려 성과를 보기 힘들다. 일단은 보완하기 쉽고 긴요하게 필요한 것부터 바꿔나가 보는 것이다.

자기 혁신의 프로토타입이 갖는 가치는 자기를 바꾸어 나가는 과정의 우선순위를 찾아낼 수 있다는 점이다.

여기에 아침에 늦잠을 자는 버릇을 가진 A씨가 있다고 가정해 보자. 그는 부지런히 살아야겠다는 생각에 아침에 일찍 일어나 조깅을 하기로 하였다. 그러나 오히려 조깅을 한 뒤로 체력이 바닥나 오히려 업무 시간에 졸려서 집중을 할 수가 없게 되었다. 일단 조깅을 시작하기 전에 체력을 먼저 길러 놨어야 하는 것이었다. A씨는 조깅 대신 업무 후 헬스클럽에 가는 것으로 스케줄을 바꾸었다. 업무시간 후이니 체력이 떨어져도 관련이 없고 체력을 기르는 데에는 조깅보다 헬스클럽이 적당했던 것이다. 이후 A씨는 체력도 강해지고 운동을 한 후 밤에 달게 잠을 잔 후로 늦잠을 자던 버릇까지 해결할 수 있었다.

자기 발전이라 하여서 모든 것이 무조건 똑같이 득이 되는 것은 아니다. 여러 가지의 발전 사항 가운데에서도 우선순위가 있고 노력에 대한 효율성도 다를 수 있기 때문이다.

A씨의 경우라면 조깅보다는 헬스클럽이 훨씬 효과적인 자기 발전의 노력이 되는 것이다.

자신을 변화시키는 과정은 혼자만의 것이 아니다. 그것은 변화에 저항하는 환경과의 끊임없는 상호작용이다. 프로토타이핑을 통하여 우선 조그마한 것부터 바꿔 보는 것으로써 자신을 둘러싼 여러 것들이 어떻게 반응하는가를 관찰하고 조정해 나가는 것이 필요하다. 마치 맞춤옷을 만들듯, 자신에게 맞는 자기변화의 과정을 이끌어 가는 것이다.

> **≫ 프로토타이핑을 통하여 자기 변화의 효과를 시험하라.**
> **시행착오에서 얻는 교훈을 값지게 생각하라.**

시작은 누구나 1에서 한다

"에이, 이런 거 창피해서 어떻게 해?"

많은 사람들이 무언가를 처음 시작하며 이런 말을 하고는 한
다. 처음 접하는 낯선 동작과 낯선 상황에 부딪혀 왠지 모르게
부끄럽고 어색한 감정을 느끼는 것이다.

매일 늦잠을 자던 사람이 조깅을 시작하면 새벽의 어스름이
이상하게 느껴지고 공부를 멀리하던 학생이 책을 펴들면 마치
하면 안 되는 일을 하는 듯 어색한 생각이 드는 것이다.

처음 하는 것이기 때문에 손에 익숙하지 않은 것은 자연스러
운 반응이다. 어색하다는 느낌이 곧 실패의 전조가 되거나 지속

적인 부적응을 의미하지는 않는다는 것이다. 설령 초반에 몇 번 실패를 겪는다 하더라도 그것은 자연스럽게 익숙해지는 과정일 뿐 그것이 지속되지는 않는다.

그러나 사람들은 초기의 일시적인 정체를 적성에 맞지 않는다 거나, 싹수가 노랗다든가 하는 말로 일반화시켜버린다. '처음부터 이 모양이니 나중에는 알 만하다' 라는 식이다.

이런 현상은 일의 초기 단계에서 누구나 왕성한 의욕을 갖고 시작하기 때문이다. '잘 해보자, 멋지게 처리하자' 라는 의욕이 넘치는 마음에 비해 일은 그대로 처리되지 않으니 그만큼 절망감은 크다.

'이렇게 열심히 했는데, 이렇게 많이 준비했는데 왜 처음부터 이렇게 꼬이지?' 라는 생각은 '혹시 너무 어려운 일을 하고 있는 건 아닐까?' 라는 두려움을 낳게 된다. 그리고 이 두려움 때문에 제대로 시작 단계에 들어서지도 않은 채 일을 포기하게 되는 것이다.

......그리하여 이제 그는 볼을 애무하는 바람 소리가 속삭이듯이 낮아지고, 발밑에서 바다가 잔잔하게 누워 있는 듯이 보이는 극한점까지 스피드를 줄여 간다. 극도의 집중력을 발휘하

느라고 눈을 가늘게 뜨고, 숨을 모으고, 억지로…… 이제……
더…… 몇 미터만…… 날개의 커브를 더하려 한다. 그 순간, 깃
털이 곤두서며 그는 중심을 잃고 떨어졌다…… (중략) …… 그러
나 조나단은 부끄러워하지 않고 날아오르더니 다시금 날개가 떨
릴 만큼 급한 커브를 유지하며, 천천히 속도를 낮추어 가는 것이
었다.

불후의 명저 '갈매기의 꿈'의 처음 대목이다. 평범한 갈매기
들과는 달리 빨리 날기를 원하는 갈매기, 조나단 리빙스턴은 숱
하게 바다에 빠지고 바람에 휘말리기를 반복하면서도 비행 연습
을 멈추지 않는다. 그리고 결국 극한의 속도를 돌파해 낸다.

조나단 리빙스턴의 성취는 처음의 실패에 좌절하기 않았기 때
문에 가능한 것이었다. '부끄러워하지 않고 날아오르는' 것이
조나단의 무기였던 것이다.

수를 셀 때 누구나 1에서 시작한다. 100이나 1,000에서 시작하
는 사람은 없다. 마찬가지로 처음은 누구나 일이 익숙하지 않고
낯설어 실패를 겪게 된다. 그러나 그것은 발전의 과정일 뿐 결과
적으로 실패와 무능을 이야기하는 것이 아닌 것이다.

> ≫ **첫 단계에는 시행착오가 있을 수밖에 없다.**
> **그러므로 좌절하지 말라.**

Do it NOW!!

책의 마지막 장을 덮고 난 뒤, 당신은 이 책을 어떻게 할 것인가? 책장에 꽂아 둘 것인가? 펼쳐 둔 채 테이블 위에 놔둘 것인가?

세상의 모든 책에는 읽힘으로써 도달하고자 하는 목적이 있다. 교과서는 학생들에게 지식을 가르치기 위한 것이고, 시집은 섬세한 감성과 느낌을 전달하고 공감하기 위함이다. 또한 논문에는 학문을 탐구하고 그 결과를 설명하기 위한다는 목적이 있는 것이다.

그렇다면, 이 책의 목적은 무엇일까? 그것은 바로 읽는 사람의 자기 발전과 성공이다. 책을 읽은 당신의 삶에 변화를 일으키고 그것을 통하여 성공적인 인생을 살게 하는 것이 이 책의 궁극적인 목적인 것이다.

때문에 이 책을 순서대로 읽지 않아도 좋다. 맨 끝장부터 읽어도 되고, 중간부터 읽어도 되며, 마음 내키는 대로 순서 없이 펼쳐 읽어도 된다.

내용을 전부 읽지 않고 각 장의 끝에 실린 성공 포인트만 읽어도 좋다. 중요한 것은 그것을 읽음으로 해서 각자의 삶에 변화시킬 무언가를 찾아 나서야겠다는 생각이다. 그리고 마지막으로 이 책을 통하여 전하고 싶은 교훈은 그런 생각이 떠올랐다면 '지금 당장 시작하라' 라는 것이다.

뭔가를 바꾸어 봐야겠다는 생각이 드는가?
삶을 풍요롭게 할 아이디어가 떠올랐는가?
이렇게 살면 안 되겠다는 위기감을 느꼈는가?
과거는 과거일 뿐이라고 하면서 연연해하지는 않는가?

어떤 경우이든, 지금 당장 시작하라. 자신을 바꾸는 것은 쉬운 일도 아니고, 가까운 시일 내로 완성되는 일도 아니다. 때문에 지금 시작해야 한다.

시작이 있어야 발전이 있고 성공이 있을 수 있다. 이것저것 재

고 따지다가 시작을 미루는 것은 곧 최초의 의욕과 활기를 잃어
버리는 것을 의미한다.

　지금 시작하라. 지금 삶을 바꾸는 여행의 첫 발을 내딛어라.
성공으로 가는 길은 멀지만 일찍 시작하여 부지런히 걷는 사람
은 반드시 성공에 도착할 것이다.

> **≫ 걱정을 미리 만들지 말라.**
> **지금 당장 시작하라!**

Success Point

▶ 삶의 전체를 바꾸는 것을 목표로 하되, 시작은 작은 습관부터 시작하라.

▶ 무언가에 대해 고민하고 있다면 혹시나 그것이 필요 없는 걱정인지 의심해 볼 필요가 있다.

▶ 일을 시작한 첫 단계에서의 작은 실패나 좌절은 새로 배우는 과정이라고 적극적으로 생각하라.

끝없이 전진하기 위해서는 자신이 가치 있다고 믿어야 한다. 그리고 많은 것을 받아들여야 한다. 또한 자신이 큰일을 할 수 있다고 믿어야 한다. 그러면 당신의 계획을 실현하게 될 것이다.

— 나폴레온 힐

chapter 13

열정적으로 사는 사람들의 이야기

잘못 설정된 목표는 이루어도 성취감을 느낄 수 없다. 많은 성공한 사람들이 허탈해
하는 것을 볼 수 있는데, 그것은 잘못된 목표 설정 때문이다.

― 노만 빈센트 필

꿈은 타협하지 않는다
_충무로 이단아 김기덕

언제부터인가 김기덕 감독은 '이단아'라고 불린다. 그의 영화
는 언제나 저예산이었고 단기간에 촬영을 마쳤으며 늘 사회적인
이슈를 만들어 내었다.

그의 영화를 싫어하는 사람은 김기덕 감독의 영화가 비정상적
이고, 폭력적이며, 타락된 인물로 가득 차 있다고 말한다.

'나쁜남자'의 매춘부, '사마리아'의 원조교제, '빈집'의 불륜
관계 등 실제로 그의 영화에는 상식적인 수준에서 '타락과 죄
악'이라고 불릴 수 있는 관계가 등장한다. 그러나 그의 생각은
다르다.

그가 끊임없이 던지는 테마는 '화해'에 대한 것이다. 등장인
물 간의 화해, 새로운 삶과의 화해, 실수와의 화해가 그의 영화
속의 주제인 것이다.

물론 이런 그의 작품 세계가 처음부터 쉽게 이해된 것은 아니다. 1992년 '악어'로 데뷔한 그는 영화 인생의 초반부를 해외 영화제를 전전하며 보내야 했다. 국내에서는 폭력적이고 가학적인 스토리가 받아들여지지 않았던 것이다. 그가 '섬', '나쁜남자'로 서서히 국내 영화 시장에 뿌리를 내리기 시작했을 때에도 그를 둘러싼 것은 비판적인 시각뿐이었다.

그러나 그는 개의치 않았다.

"해피엔딩으로 결말짓는 건 애들 장난이라고 생각해요. 저는 그게 끝이라고 생각하지 않거든요. 그 다음엔 늘 불현듯이 찾아와서 우리를 차갑게 만들고 당황하게 만드는 게 현실이거든요"라는 그의 말에서 볼 수 있듯, 그는 현실에 대한 차갑고도 비판적인 시각을 포기하지 않았다.

그는 계속해서 '봄여름가을겨울 그리고 봄', '사마리아', '빈집'을 발표했다. 그리고 2004년 제 54회 베를린 국제영화제 은곰상인 최우수감독상과 제61회 베니스 영화제의 감독상을 연달아 수상함으로써 한국영화계에 또 하나의 큰 족적을 남겼다.

그는 다시 새 영화 '활'로 그의 '불편한' 이야기 보따리를 풀어 놓으려고 한다. 사람들은 이미 칸영화제 '주목할 만한 시선'의 오프닝작으로 선정된 '활'의 개봉을 기대하며 그가 이번에는 또 어떤 이야기를 할까 기대한다.

그는 말한다. "내 영화는 위악과 독선과 자해가 혼재되어서 누구든지 골라먹을 수 있는 것처럼 보여요. 내 안의 불분명한 정체성 중에 어떤 것을 골라야 할지 저는 모르는 거에요. 저는 그 중에 무엇을 고르기 위해 계속 영화를 만드는 것이 아닌가 싶기도 해요"라고.

사람들이 인간의 어두운 내면을 조명하고 상식을 뻔뻔하게 파괴하는 그의 영화를 싫어하든 말든 그것이 자기 꿈이니 그것을 계속 좇겠다는 말이다.

만약 김기덕 감독이 각지에서 쏟아지는 혹평과 비난에 굴복하여 평범한 가족영화나 러브스토리를 만들었다면 지금의 영예는 없었을지도 모른다.

'이단아'라는 곱지 않은 시선을 받으면서도 꿋꿋하게 자신의 영화를 만들었기에 지금 그가 자신의 영화를 통하여 인간에 대한 질문을 자꾸 던질 수 있는 것이다.

자신의 꿈을 좇는다는 것은 힘들고 고통스럽다. 그러나 그것 때문에 세상과 타협한다면 결코 최고가 될 수 없다.

'타협'이라는 것은 적절하게 중간을 취한다는 뜻이다. 때문에

타협한 사람에게 최고의 자리는 돌아가지 않는다. 오로지 타협
하지 않고 우직스럽게 꿈을 추구한 사람만이 세상의 꼭대기에
우뚝 서게 되는 것이다.

만일 당신이 이미 통달할 것을 넘어서서 무엇인가를 하려 하지 않는다면,
당신은 결코 성장하지 못할 것이다.
— 랄프 왈도 에머슨

통념을 파괴하라
_3,300원의 신화 서영필

2003년 어느 날, 대형 할인점 '홈플러스'의 우규민 차장은 명동에서 규모가 작은 화장품 가게를 발견하였다. 선명한 빨간 꽃무늬가 인상적인 매장은 젊은 여성들로 인산인해를 이루고 있었다. 우 차장은 폐업 정리를 한다고 생각했지만, 매장은 폐업 정리를 하는 것이 아니었다. 모든 화장품이 단지 3,300원이라는 놀랄 정도의 싼 가격으로 팔리고 있었던 것이었다. 우 차장은 화장품의 품질이 백화점에서 파는 고가 화장품에 뒤지지 않는다는 것을 발견하고서는 바로 본사로 달려가 홈플러스에 매장을 유치하기로 계약하였다. 국내 화장품 업계에 돌풍을 일으킨 브랜드 '미샤'가 전국으로 유통되는 시발점이었다.

미샤는 독과점 상태에서 오로지 더 비싸고 더 고급스러운 것만을 추구하던 화장품 업계의 판도를 바꾸어 놓았다. 이전에는 유통점을 장악하고 무조건 비싸게 파는 것이 시장을 주도하는

지름길이었으나 미샤가 등장한 이후, 화장품은 독립된 브랜드숍에서 마치 생활용품처럼 저렴하게 구매하는 것이 되었다. '화장품'의 개념까지 바꾼 것이었다. 이런 미샤의 성공 뒤에는 기존의 통념을 과감하게 파괴한 서영필 사장의 혁신이 있었다.

미샤는 우선 '생산자가 가격을 결정하고 소비자는 그에 반응한다'라는 기존의 생산자 — 소비자 관계에 대한 고정관념을 파괴하였다. 미샤는 온라인 쇼핑몰에서 시작한 브랜드이다. 때문에 고객과의 접촉이 다른 화장품 회사에 비하여 더 자유롭고 폭이 넓었다. 미샤의 화장품에 3,300원이라는 가격은 바로 이런 '고객과의 접촉'을 통하여 정해진 가격이다. 지금도 미샤는 신제품이 나올 때마다 '이 제품을 얼마의 가격에 사시겠습니까?'라고 과감하게 소비자에게 제품의 가격을 묻는다. 소비자를 그저 세일즈의 대상으로 보는 것이 아니라 적극적으로 생산 단계에 참여시키는 발상 전환으로 미샤는 200만이라는 충성스러운 소비자를 확보할 수 있었던 것이다.

미샤는 파괴한 두 번째 통념은 '화장품은 비싸야 한다'는 것이었다. 기존 화장품들은 '고급스러워야 한다'는 고정 관념에 얽매여 원가의 몇십 배에 달하는 마케팅 비용과 고급 재질의 포장비를 들여 제품을 생산했으며 복잡한 유통 구조 때문에 생산비에 또다시 40~50퍼센트에 달하는 마진율이 붙기 마련이었다. 그러나 미샤는 종이 케이스를 아예 없애버리고 깨끗하지만 저렴한 플라스틱 용기와 튜브를 사용하여 불필요한 포장비를 제거하였으며 마케팅 분야에서도 신인을 기용하여 과감하게 경비를 절약하였다.

3,300원이라는 혁신적인 가격에도 불구하고 미샤의 제품들이 결코 '싸구려'라는 소리를 듣지 않는 것은 바로 이런 혁신이 있었기에 가능한 것이었다.

마지막으로 미샤는 '오너가 직접 소비자의 질문에 대답한다'는 과감한 소비자 서비스를 통하여 타사와는 비교할 수 없을 정도로 차별화된 소비자 관리를 실행에 옮겼다. 하루에도 게시판에 올라오는 수십 수백 가지의 불평과 질문에 서 사장은 일일이 자신의 이름으로 친절하게 대답해 주었다. 물론 다른 화장품 브랜드들도 소비자 게시판을 운영하고는 있으나 오너가 직접 겸손하고 친절하게 대답해 주는 곳은 없다. 이런 고객 관리를 통해 미샤는 '싸구려'라는 악성 루머에 '미샤 화장품의 품질이 나쁘지 않으며 서비스도 친절하다'는 입소문 마케팅 전략으로 대응할 수 있었다.

미샤가 등장한 이후로 미샤를 벤치마킹한 초저가 브랜드들이 쏟아져 나오고 있다. 그러나 서 사장은 오히려 반가워한다.

"저는 주변에 미샤 같은 제품을 만들고 싶은 사람이 있으면 하시라고 권합니다. 미샤와 비슷한 모델이 많이 생기니까 힘이 생깁니다. 그래서 대기업도 미샤류의 화장품 회사에 대해 함부로 못하지 않습니까."

가격은 따라할 수 있으나 미샤에는 남다른 뭔가가 있다는 자신감이 있기에 이런 말을 할 수 있는 것이다. 그것은 남과는 아예 다른 생각을 갖고 있으며 경쟁력은 바로 그 다른 생각에서 나오기 때문이다. 미샤의 성공은 바로 통념을 깬 데에서 나오는 다른 생각의 산물인 것이다.

내적 힘을 키우면 확고한 결심을 할 수 있다.
결심을 하면 어떤 장애가 닥치더라도 더 큰 성공의 기회를 잡을 수 있다.
— 달라이 라마

도전하고 도전하라

_슈퍼맨닥터 이승복

존스홉킨스 대학병원 재활의학 수석전문의 이승복 씨는 사지마비 장애인이다. 8세에 미국으로 이민하여 체조의 꿈을 키우던 그는 1982년 전미대회 3위에 입상할 정도의 유망주였다. 그러나 이듬해인 1983년 훈련 중 사고로 그는 7~8번 경추 신경이 끊어져 평생 휠체어에 의지하는 신세가 되었다.

보통 사람이라면 젊은 나이에 찾아온 청천벽력과도 같은 소식에 절망하고 주저앉았겠지만 이승복 씨는 달랐다. 그는 사고를 당한 후 엄청난 고통이 따르는 재활치료를 이겨내고 단 10개월 만에 휠체어에서 일상생활을 할 수 있을 정도로 회복되었다. 이후 그는 체조선수의 꿈을 접고 의사가 되기로 결심하였다.

이승복 씨는 '자신을 길러 준 부모와 조국을 위해 1등으로 살고 싶었다. 다만 그 방법이 체조선수에서 의사로 바뀐 것일 뿐'이라며 학업에 열중하여 뉴욕대, 콜롬비아대 공중보건학 석사,

다트머스 의대, 하버드 의대 인턴 과정 등 미국에서도 손꼽히는 엘리트 과정을 거쳐 존스홉킨스병원 재활의학 수석전문의가 되었다. 이후 이승복 씨는 존스홉킨스 의대 조교수로 임용될 예정이다.

전신마비는 사람의 신체를 무력화하는 치명적인 재앙이다. 사람의 인생에 닥칠 수 있는 최악의 사고 중의 하나라고 볼 수 있다. 그러나 그 최악의 상황에서도 이승복 씨는 포기하지 않고 도전하여 미국의 명문 존스홉킨스 대학병원의 수석전문의라는 성취를 이루어 내었다. 보통사람도 하기 힘든 것을 1급 장애인인 그가 해낸 것이다.

이것은 누구나 노력하면 한계를 극복하고 발전을 거듭하여 꿈을 이루어낼 수 있음을 의미한다. 그의 인간승리 드라마를 담은 저서 '기적은 당신 안에 있습니다'의 출간 기념으로 방한한 이승복 씨는 서울 모 중학교 학생들과의 만남에서 다음과 같이 말했다.

"가능하다고 생각하면 모든 것이 가능해집니다. 여러분은 자랑스런 대한민국 사람, '메이드 인 코리아'입니다."

휠체어에 앉아 있는 사람도 땀흘려 도전하면 이루는 것을 사지가 멀쩡한 사람이 포기하고 주저앉아버린다면 그런 창피는 없다. 좌절과 절망을 떨쳐내고 다시 한 발 나아가라.

하늘에 단번에 도착할 수 있는 사람은 하나도 없다.
하늘에 올라가려면 우리는 사닥다리부터 만들어야 한다.
그래야 우리는 낮은 땅으로부터 높은 하늘로 올라갈 수 있다.
어쨌든 우리는 정상을 정복하려면 한 계단씩 올라가야 한다.
— 홀랜드

프로는 멈추지 않는다

_강철나비 강수진

　무용수로서 수상할 수 있는 최고의 상이라는 '브노아 드 라 당스' 최우수 여자 무용수상을 수상하고 현재 독일 슈투트가르트 발레단의 프리마 발레리나로 활약하고 있는 강수진 씨의 별명은 강철나비이다.

　나비처럼 우아하게 발레 연기를 펼치는 그녀의 이면에는 발이 토슈즈에 짓이겨져 망가지면서도 고된 연습과 연구를 게을리하지 않는 강철과도 같은 강인함이 존재하기 때문이다.

　그녀는 최고의 프리마 발레리나의 자리를 지키기 위한 노력에 대하여 '그저 할 수 있는 일에 최선을 다할 뿐'이라고 간단하게 대답한다. 그러나 그 간단한 대답 속에 진정한 프로의 정신이 분명하게 살아 있다.

　그녀에게 있어 발레는 곧 삶 자체이다. '무대에 섰을 때 발레의 스토리에 따라 그 삶을 실제로 살고 있는 느낌을 받는다'는 그녀의 삶이 하나의 발레인 것이다.

2000년 다리에 금이 간 채로 무려 5년을 통증과 함께 춤을 춘 그녀에게 의사는 다시 춤을 출 수 없을 것이라고 진단을 내렸지만 그녀는 발레에 대한 열정으로 다시 성공적으로 무대에 복귀할 수 있었다.

오늘날 슈투트가르트 시내버스 옆면에는 그녀의 사진이 붙어 있으며 그녀의 이름을 딴 난蘭 품종도 개발되어 있다. 세계 최고급의 안무가들은 그녀의 연기를 생각하며 작품을 쓴다. 그녀는 말 그대로 세계 최고의 발레리나인 것이다.

'발레처럼 아름다운 예술이 탄생하려면 자기 자신과의 싸움에서 이기는 노력과 인내심, 사랑이 필요하다' 라는 그녀의 말은 비단 발레뿐만이 아니라 어떤 일에도 들어맞는 이야기이다.

프로는 자기 자신을 극복하고 끊임없이 최고를 추구하는 사람인 것이다. 강수진 씨가 발이 짓이기고 뼈에 금이 가는 고통을 이겨가면서도 무대에 섰듯이, 프로는 어떠한 고난과 고통이 따르더라도 일에 모든 것을 바친다. 그것을 사랑하기 때문이다.

일을 사랑하고 모든 것을 바치는 열정을 갖는다는 것은 쉬운 일은 아니다. 때로는 엄청난 고통과 큰 고난을 견뎌야 할 것이며 항상 쉬지 않고 노력해야 할 것이다. 그러나 그런 열정을 가질 수만 있다면 당신은 곧 세계 최고의 프로가 되어 있을 것이다.

삶이란 자연스럽고 자발적인 변화들의 연속이다. 그 변화에 저항하지 말아라.
그것은 오직 슬픔만 만들 뿐이다. 현실을 현실로 놔 두어라.
사물이 가고자 하는 길로 자연스럽게 흐르도록 놔 두어라.

— 노자

더불어 행복하라
_지구의 응급치료팀장 한비야

≪바람의 딸 걸어서 지구 세 바퀴 반≫이라는 제목으로 여행기를 쓴 베스트셀러 작가 한비야 씨는 그 때의 자신에 대하여 이렇게 회고했다.

"사람에게는 세 부류가 있는 것 같아요. 남에게 해가 되는 사람, 남에게 득이 되지도 않고 해가 되지도 않고 나만 잘하자는 사람, 그리고 나도 좋고 남에게도 좋은 사람. 저는 두 번째의 사람으로 오랫동안 살았죠. 좋아하는 여행도 다니고 책도 쓰고."

그러나 한비야 씨는 지금 월드비전 긴급구호팀장으로 활동하며 세 번째의 사람으로 거듭나고 있다. '더불어 행복하라' 라는 화살표를 따라 삶의 새로운 길을 걷고 있는 것이다.

한비야 씨가 활동하고 있는 '긴급구호팀' 은 이라크, 아프가니스탄, 에티오피아 등 전쟁이나 대기근과 같은 전지구적인 재앙으로 인하여 수많은 인명이 죽고 있는 지역에 파견되어 응급처치를 하는 조직이다. 비상식량, 물통, 양초, 비상담요, 비누 등 기초적인 생존 조건을 만드는 데에 필수적인 구호 키트를 가지고 전장과 재난 지역으로 달려가는 것이다.

물론 이것은 매우 위험하고 힘든 일이다. 목숨을 걸어야 할지도 모른다. 단순히 '불쌍한 사람들을 도와준다' 라는 생각으로서는 하기 힘든 일이다. 그러나 한비야 씨는 이렇게 말한다.

"이런 재난이 일어나고 있는 것을 몰라서 못 돕지 알면 돕게 되죠. 저는 그렇게 돕고자 하는 사람들에게 사랑의 총알을 받아 그것을 난민들에게 전달하는 다리 역할을 하는 거라고 생각해요. 그런 기쁨은 어디서도 얻을 수 없는 것이고, 그런 현장에 있는 것이 개인적으로 영광이라고 생각해요."

그녀에게 이미 봉사 활동은 남을 도와서 남을 기쁘게 한다는 것뿐만이 아니라 자신의 행복과도 연결된 것이다. 죽어가는 사람을 살리는 일이 한없이 기쁘고 보람되게 느껴지는 것이다. 이것이야말로 진정한 봉사의 정신이다. 스스로가 남을 돕는 것을 즐겁게 여겨야 만이 더 크고 높은 단계의 봉사가 가능한 것이다.

더불어 행복한 삶을 살아라. 자기 혼자 행복하기 위한 삶은 자칫 이기심과 경쟁에 휘말려 가장 중요한 목표인 행복을 놓치기 쉽다. 나를 위하여 다른 사람을 희생시키고 패배시키는 삶은 그만큼 방해를 받기도 쉽다. 뿐만 아니라 나로 인해 남도 행복해지는 삶이라면 그럴 위험이 전혀 없다. 오로지 행복해지기 위하여 노력하는 것만이 남는 것이다.

한 가지 일이 이루어지는 과정에는 주저와 후퇴의 위험이 있는 법이다.
— 괴테

창의력 제일주의

_Design Guru 김영세

　'이노디자인'의 대표이자 디자이너인 김영세 씨는 어느 날 샌 프란시스코 행 여객기 안에서 스케치북을 선물로 받았다. 일반 승객으로서는 받을 수 없는 특별한 것이었다. 그것은 운항중에 생각에 골몰하다가 퍼뜩 아이디어가 떠오르면 메모지를 찾기 위해 스튜어디스에게 부랴부랴 냅킨과 펜을 요구하는 그를 배려한 것이었다.

　세계 제일의 디자이너 컬렉션 ACME의 2004년 신상품에 자신의 태극 도안을 자랑스럽게 등록시키며 일약 국제적인 디자인 명사로 떠오른 김영세 씨의 경쟁력은 바로 그 '순간의 메모'에서 나온다.

　냅킨이나 아무렇게 찢어 마련한 작은 종이쪽지에 그려 넣은 거친 도안들에서 아이리버 MP3 플레이어, 삼성 애니콜 핸드폰, 동양매직 가스버너 등 전 세계를 뜨겁게 달군 디자인 히트 상품들이 탄생하였다. '욕구를 재빨리 파악하고 그것을 제품으로 만들 수 있는 것이 바로 상상을 통해 나오는 아이디어의 힘이다' 라고 말하는 그에게 있어 이런 '순간의 메모' 들은 곧 새로운 창조의 씨앗인 것이다.

그를 소개하는 외국 잡지들은 늘 그의 독창적인 '디자인 제일주의' 에 주목한다. '디자인 제일주의' 는 생산자 측에서 주문 사항을 디자이너에게 전달하여 제품의 외관을 꾸미는 것이 아니라, 반대로 디자이너가 먼저 제품의 전반을 구상하여 생산자에게 제시하여 새로운 제품을 탄생시키는 새로운 생산 모델이다. '진정한 신상품은 혁신적인 아이디어에서부터 시작되어야 하며 디자인 의뢰를 받는 시점 이전에 디자이너의 머릿속에는 이미 그림이 그려지고 있다' 는 것이다. 이것은 디자이너에게 단순한 제품의 기능, 용도, 생산 방식까지 일임함으로써 상상과 창의력의 현실화를 극대화하겠다는 것이다.

언뜻 생각하면 완전히 제품의 생산 공정을 거꾸로 세운 듯한 발상이지만, '디자인 퍼스트' 전략은 디자인과 상품성 두 마리 토끼를 모두 잡으면서 IDEA 금 · 은 · 동상, 〈비즈니스 위크〉지의 'Best Product of the Year' 2회 선정 등 화려한 수상 경력으로 빛나며 성공가도를 달리고 있다. 창의력은 외관뿐만 아니라 용도와 기능에 있어서도 반드시 필요한 요소이기 때문이다.

새로우면서도 꼭 필요한 기능, 더 편리한 사용법 등 창의력은 모양새에 그치지 않고 제품의 전체에 적용될 수 있는 것이다.

김영세 씨는 '디자이너란 인류의 꿈을 시각화하는 사람'이라고 말한다. 단순히 모양새를 예쁘게 꾸미는 것이 아니라 생활 속에서 예리한 관찰과 섬세한 감각으로 느낀 것을 혁신적이고 창의적인 아이디어에 담아 실현시키는 것이다. 이것은 비단 디자이너에게 국한되는 이야기가 아니다. 누구나 삶을 관찰하고 그 안에서 느낀 문제점을 자유로운 발상과 상상으로 해결한다면 그는 바로 삶의 디자이너, 인생의 이노베이터(혁신자)인 것이다.

늘 꿈을 꾸고 바꾸어 보자는 생각을 갖는다면 당신의 삶도 톡톡 튀는 아이디어로 가득 찬 '새로운' 무언가가 될 것이다.

습관의 영속성은 일반적으로 그것의 불합리성에 직접적으로 비례한다.
— 마르셀 프루스트

나이는 숫자일 뿐
_주부 궁수 김수녕

88년 서울올림픽 개인전 및 단체전 금메달, 92년 바르셀로나 올림픽 단체전 금메달과 개인전 은메달, 2000년 시드니 올림픽 단체전 금메달과 개인전 동메달 — 김수녕 씨가 이루어 낸 영광의 기록에는 '신궁'이라는 명예로운 칭호가 전혀 모자라지 않는다.

그러나 그녀는 사실 93년 10월 은퇴부터 99년 10월까지 평범한 주부였다. 결혼 후 재봉틀로 커튼과 방석을 직접 만들고 동네 아주머니들과 커피를 마시며 수다를 떠는 보통의 삶을 살았던 것이다.

이 시기를 '결혼해서 평범한 주부로 산다는 것이 너무나 행복하고 즐거웠다'고 회상하는 김수녕 씨는 그러나 99년 10월 다시 활을 잡았다. 그것은 '내가 30대 중반에 무엇을 하며 살까?'라는 의문 때문이었다. 처음에는 체육교사나 양궁 코치 정도를 생각했었으나, 당시 시드니올림픽을 앞두고 대한민국 양궁팀은 저조한 성적을 내고 있었고 이에 김수녕 선수는 전격적으로 양궁팀에 발탁, 현역에 복귀하게 된다. 그리고 2000년 시드니올림픽에서 금메달과 동메달을 조국에게 안기는 성과를 거두었으며 2004년 아테네 올림픽 성화봉송 주자로 지정되는 영광을 얻기도 하였다.

'여유로운 가운데 자신 있게 활을 쏘는 것이 앞으로의 나의 몫'이라고 말하는 김수녕 씨의 재기는 열정과 목표가 있으면 나이와 주부라는 신분은 전혀 장애물이 되지 않음을 보여주는 예이다. 아이 둘의 어머니이지만, 아직도 활을 쏘는 김수녕 씨는 17세 때의 꿈을 그대로 간직하고 있는 것이다.

'나는 너무 늙었어', '평범하게 살고 말지 뭐'라고 꿈을 놓아버렸다면 2000년 올림픽의 두 개의 메달은 꿈속의 이야기가 되었을 것이다.

나이는 숫자에 불과하다. 그것은 조금 더 바빠졌다는 것을 의미할 뿐이다. 나이가 먹었다고 해서 꿈을 쉽게 버리는 것은 길에 떨어진 보석을 줍지 않는 것처럼 어리석은 일이다.

'내가 몇 살인가?'를 생각하기 이전에 '내가 꿈꾸던 것을 지금도 이룰 수 있는가?'를 생각해 보아라. 나이는 그 다음에 따져도 늦지 않다.

미래에 대처하는 유일한 길은 지금 효과적으로 활동하는 것이다.

— 기타 벨린

66

이제 무엇을 해야 할 것인가?
무엇이든, 어떤 것이든 해야 한다.
이대로 주저앉아서는 안 된다.
잘못되면 처음부터 다시 하면 된다.
다른 것을 시도하라.
만약 모든 불확실성이 해결될 때까지 기다린다면
그때는 너무 늦는다.
— 리 아이오코카, 전 크라이슬러 회장

99

열정의 중심에 서라

초판 1쇄 인쇄 | 2005년 12월 5일
초판 6쇄 발행 | 2008년 6월 9일

지은이 | 백정군
펴낸이 | 최순철
펴낸곳 | 오늘의책
책임편집 | 김인현
디자인 | 장주원
마케팅 | 손명기

주소 | 서울시 마포구 합정동 412-26
전화 | 322-4595~6
팩스 | 322-4597
전자우편 | tobook@unitel.co.kr
홈페이지 | www.todaybook.co.kr
출판등록 | 1996년 5월 25일(제10-1293호)